介護に学ぶ

シニアのおもてなしマーケティング

シニアビジネス・コンサルタント
砂 亮介
Ryosuke Suna

同文舘出版

はじめに

期待に応えられない過去のシニアマーケティング

マーケティングは、企業が商品やサービスを売るために行なう活動です。

企業は商品が顧客に売れるように、テレビコマーシャルやチラシ広告、店頭での実演販売、Webサイトの構築など様々な活動を行ないます。最近では、フェイスブックやインスタグラムなどを活用した新たなソーシャル・マーケティング手法も開発されています。

ところで、シニアに対してこのようなマーケティング手法は有効なのでしょうか。商品が売れるためには、買う人がその商品やサービスのある実店舗、または通販サイトに訪れ、自分で商品やサービスを確認し、欲しいと思い、購入を決断する必要があります。

この何気なく当たり前のことが、年を取ると徐々に難しくなります。年を取り、足腰や視力が弱くなると、今までは車で郊外の大規模量販店に出かけていたのが、徒歩やバスで行ける近隣のスーパーやコンビニエンスストアを利用するようになります。さらに足腰が弱くなれば、それすらも難しくなります。

「買い物弱者」という言葉があります。経済産業省によると、「人口減少や少子高齢化等を背景とした流通機能や交通網の弱体化等の多様な理由により、日常の買物機会が十分に提供されない状況に置かれている人々」を言います。

主に田舎で暮らしている、車の運転が難しいシニア層を想定しています。しかし、流通機能や交通網が発達した都市部であっても、年を取れば、自宅の玄関を出てスーパーまで数百メートル歩くことも容易でなくなり、田舎で暮らしているのと変わらなくなります。

この点について、農林水産政策研究所の『食料品アクセス困難人口の推計（2015年）』という資料があります。アクセス困難人口の対象者は、店舗まで500m以上かつ自動車利用困難な65歳以上の高齢者を指し、店舗は食肉、鮮魚、果実・野菜小売業、百貨店、総合スーパー、食料品スーパー、コンビニエンスストアを指します。全国の65歳以上の高齢者のうち、24・6%にあたる824万人が食料品アクセス困難人口になります。

しかし、2005年から2015年までの変化率について65歳以上を見ると、地方圏の7・4%に対し、三大都市圏は44・1%となっています。75歳以上を比較すると、地方圏28・1%に対し三大都市圏は68・9%となっています。このように、地方ではなく都市部のシニア層にとって買い物が難しくなっている実態があります。

こうしたことから、過去のシニアマーケティングでは、都市部で暮らすシニアの要望を満たすことは、ますます難しくなります。

食料品アクセス困難人口の推計(2015年)

		全国	三大都市圏	東京圏	名古屋圏	大阪圏	地方圏
65歳以上a		8,246	3,776	1,982	609	1,185	4,470
	65歳以上人口割合	24.6	23.3	23.2	21.5	24.4	25.9
75歳以上b		5,335	2,194	1,112	407	675	3,161
	75歳以上人口割合	33.2	29.5	28.6	30.8	30.2	36.4
75歳以上割合(b/a)		64.9	58.1	56.1	66.8	57.0	70.7
変化率(2005年比)	65歳以上	21.6	**44.1**	59.3	18.5	37.5	**7.4**
	75歳以上	42.1	**68.9**	89.2	43.7	57.8	**28.1**

(千人、%)

(資料:農林水産政策研究所)

(注1)アクセス困難人口とは、店舗まで500m以上かつ自動車利用困難な65歳以上の高齢者を指す。

(注2)「平成27年国勢調査」および「平成26年商業統計」のメッシュ統計を用いて推計したものである。

(注3)店舗は食肉、鮮魚、果実・野菜小売業、百貨店、総合スーパー、食料品スーパー、コンビニエンスストアである。

(注4)東京圏は東京、埼玉、千葉、神奈川、名古屋圏は愛知、岐阜、三重、大阪圏は大阪、京都、兵庫、奈良である。

(注5)ラウンドのため合計が一致しない場合がある。

顧客を増やす未来のシニアマーケティング

本書では、シニア層を65歳以上の人たちと想定しています。それに対して、非シニア層は65歳未満の人を想定しています。65歳は、会社から退職する年齢であることや年金の受給開始年齢であることなど、人生の一つの区切りであり、ライフスタイルが大きく変わるからです。

ライフスタイルが変わると、会社までの通勤もなくなり、身体を動かすことも減りますし、自宅で多くの時間を過ごすようになると、人との接点も減ります。

最近は、地域とのつながりが少なくなる一方なので、社会との距離感というものを物理的距離だけではなく、心理的距離としても捉える必要があります。

このように、65歳を契機に社会的な活動が大きく変化します。

ところで、シニアは年を取ることで様々な加齢現象が現れます。足腰が弱くなるだけでなく、物忘れが多くなり、怒りやすくなります。

この点、私は介護現場に日々従事し、シニアと接するなかで様々な気づきがあります。介護サービスのなかには、シニアと一緒に近所のスーパーなどに買い物に行くというものもあります。多くのシニアは杖をつかれるか、手押し車で移動するか、車椅子に乗ってもらうかして、介助者が同行します。

このときに生活に必要な紙パンツや衣類、食品などを買ってもらうわけですが、「お金がもったいない」「商品が気に入らない」「値段が高い」「使いにくそう」などといった理由で、シニアは買うことを拒絶して、苦慮することも多いのです。

本書は、私自身がこのようなシニアの買い物活動を直に支援するなかで気づいたことを踏まえて、シニアに上手に買ってもらうための方法を伝えます。

様々なシニアマーケティングに関する書籍を見ますが、多くは人口統計、経済統計などの市場調査からシニア市場を分析したもので、シニアの実態を捉えているとはいい難いものばかりです。本書はそのような類書とは一線を画し、実際にシニアとの交流を通したフィールドワーク的な視点からシニアの行動を分析しているのが特徴です。

また、近年では老年学（ジェロントロジー）の分野も発達しており、シニアについての研究が進んでいます。しかし本書は、学術的な視点からではなく、私が体験したことを中心に書いています。なぜなら本書は、加齢現象の原因や予防・治療、介護の方法を伝えることが目的ではないからです。

未来のシニアマーケティングは、飲食店や小売店がシニアのありのままを受け入れ、自分たちが能動的に動くことで、シニアをもてなすことです。そして、シニアの顧客を増やすことができるものでなければなりません。

本書を読まれた方が、未来のシニアマーケティングに積極的に取り組まれ、商品・サービスが効率よくシニアの手に届くことを願ってやみません。

２０１９年３月

シニアビジネス・コンサルタント　砂　亮介

介護に学ぶ　シニアのおもてなしマーケティング◆目次

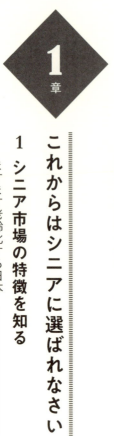

2章

シニアのお客様をもっと深く知ろう！

7章 シニアのクレームをなくす！

カバーイラスト　南　明日香（ケイズクリエイト株式会社）
装丁・DTP　春日井　恵実

1章

これからはシニアに選ばれなさい

1 シニア市場の特徴を知る

ますます老齢化する日本

日本が高齢化している現実をほとんどの人が知っています。高齢化とは全人口のうち、65歳以上の人が増えることを言うのですが、このことを示す指標として、全人口のうち65歳以上の人が占める割合を高齢化率と言います。

最新の統計によると、2017年10月時点で高齢化率は27・7%ですが、2025年になると30・0%になり、2040年には35・3%になります。

この数字をさらにくわしく見ると、より深刻な問題がわかってきます。総人口が2008年の1億2808万人をピークに自然減少しているのに、高齢者人口は2017年時点の3515万人から、ピークとなる2042年の3935万人まで増え続けます。高齢化率の分子は65歳以上の人口で、分母は総人口ですから、二重の意味で加速度的に日本の高齢化は進むのです。

高齢化の推移と将来設計（出典:内閣府「平成30年版高齢社会白書」）

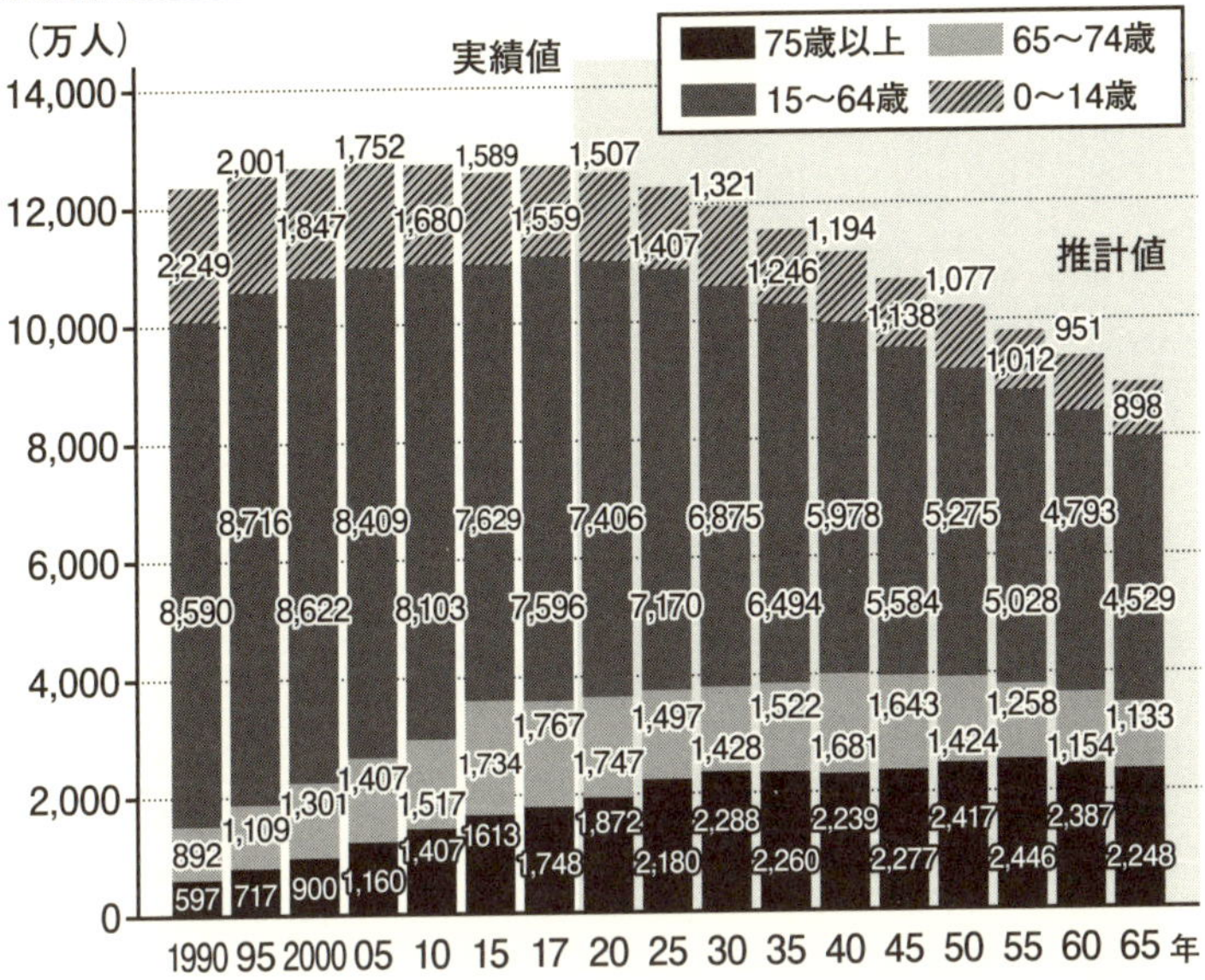

また、高齢者層もさらに年を取ります。高齢者層を前期高齢者（65歳以上75歳未満の人）と後期高齢者（75歳以上）に分けてみます。前期高齢者は２０１７年の１７６７万人から、２０２５年には１４９７万人と減少しているのに対し、後期高齢者は２０１７年の１７４８万人から、２０２５年には２１８０万人に増加しています。

これには二つ要因があります。一つは、日本人の平均寿命が男女ともに伸びていることによるもので、戦前世代と比べて、とくに第一次ベビーブーマーと呼ばれる１９４７年から１９４９年に生まれた世代の平均寿命が、10歳ほど伸びているからだと言われています。

二つ目は、第一次ベビーブーマーは総人口のもっとも多い世代であるため、人口構造に

前期高齢者と後期高齢者の人口推移

	総人口	65〜74歳	75歳以上
2017年	12,671	1,767	1,748
2020年	12,532	1,747	1,872
2025年	12,254	1,497	2,180
2030年	11,913	1,428	2,288
2035年	11,522	1,522	2,260
2040年	11,092	1,681	2,239
2045年	10,642	1,643	2,277

（出典:内閣府「平成30年版高齢社会白書」）

（単位:万人）

日本の平均年齢

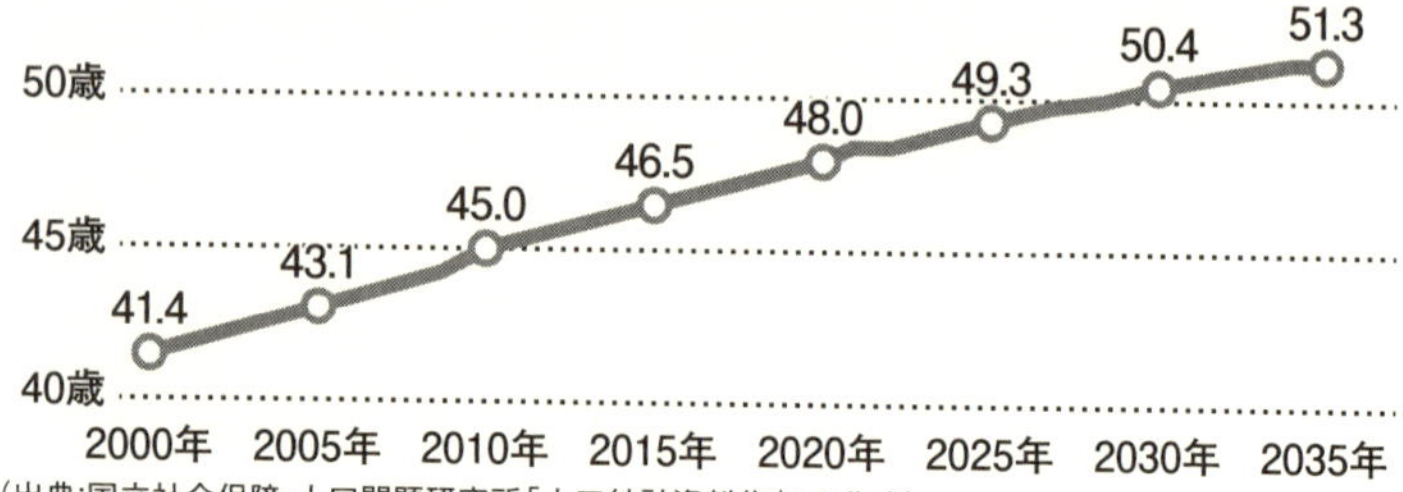

（出典:国立社会保障・人口問題研究所「人口統計資料集」から作成）

与える影響が大きいということがあります。２０１５年は第一次ベビーブーマーが65歳になった年であり、第一次ベビーブーマーが年を取るにつれて、２０１５年から２０２５年にかけて前期高齢者より後期高齢者が増える要因となります。

このように高齢者の絶対数が増えるだけでなく、人口構成も変わり、前期高齢者が減り、後期高齢者が増えることになります。つまり高齢者層の平均年齢も上昇し、高齢者層も年を取るのが日本の高齢化社会の特徴です。

では、日本の全人口の平均年齢を見てみましょう。国立社会保障・人口問題研究所の調査によると、２０１５年時点の全人口の平均年齢は46・5歳ですが、２０２０年には48・0歳、２０３０年には50・4歳に上昇すると予測されています。端的に日本の全人口は、中高年の域に達していると言えます。

ところで私は、本書で多く、高齢化ではなく老齢化という表現を使いました。高齢化も老齢化も、一般的にはあまり意味を区別して使われているわけではないのですが、これからの日本社会を表現する場合、老いていくという表現のほうがしっくりくると思ったからです。

参考までに国連の調査によると、新興国と呼ばれる国々の全人口の平均年齢は、フィリピンは2015年時点で24・2歳、インドネシアは27・8歳、マレーシアは28・5歳であり、国としてとても若いことがわかります。

65歳以上のシニアに注目する

シニアとは曖昧な言葉です。類語も、「高齢者」「お年寄り」「老人」「高年齢者」「エルダー」等々、たくさんあります。法令上はともかく、社会的にはいずれも明確な定義があるわけではありません。年配の人を見て、何となく高齢だと思えば、その人がシニアになるというくらい曖昧で主観的な言葉です。

ところで、本書で扱うシニアは「65歳以上の人」を言います。その理由は四つあります。

一つ目の理由は、日本の社会保険制度が65歳を一つの区切りとしていることにあります。例えば介護保険制度では、65歳以上の人は介護保険第1号被保険者になります。第1号被保険者とは、

どのような時期から「高齢者」「お年寄り」だと思いますか？

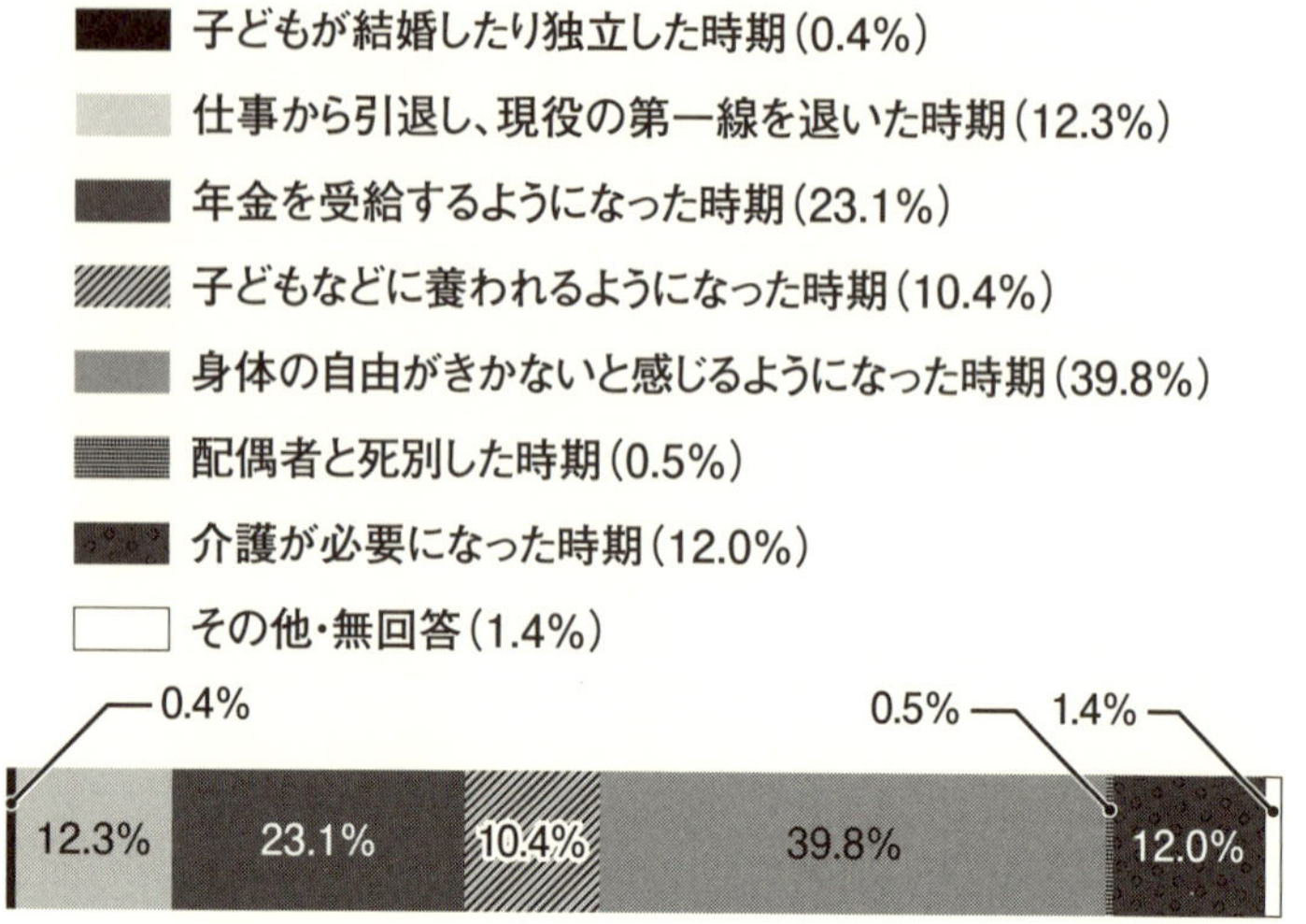

（出典：内閣府「平成15年度 年齢・加齢に対する考え方に関する意識調査結果の概要」）

病気やけがの原因を問わず、厚生労働省令で定める要介護状態となれば、介護保険が利用できる人を言います。

また、老齢基礎年金の支給開始年齢も65歳ですし、厚生年金の支給開始年齢も順次65歳まで引き上げられる予定です。

二つ目の理由は、日本の会社は65歳まで雇用義務があることです。これにより、多くのサラリーマンは65歳まで会社を勤め上げて退職し、その後の経済状況も大きく変わります。大半のシニアは65歳を境に給与所得者から年金所得者に変わるからです。

三つ目の理由として、社会的な意識の変化があります。古い資料になりますが、内閣府の調査によると、『どのような時期から「高齢者」「お年寄り」だと思いますか？』との問いに対して、「身体の自由がきかないと感

定期的な様々な活動の複数実施とフレイルへのリスク

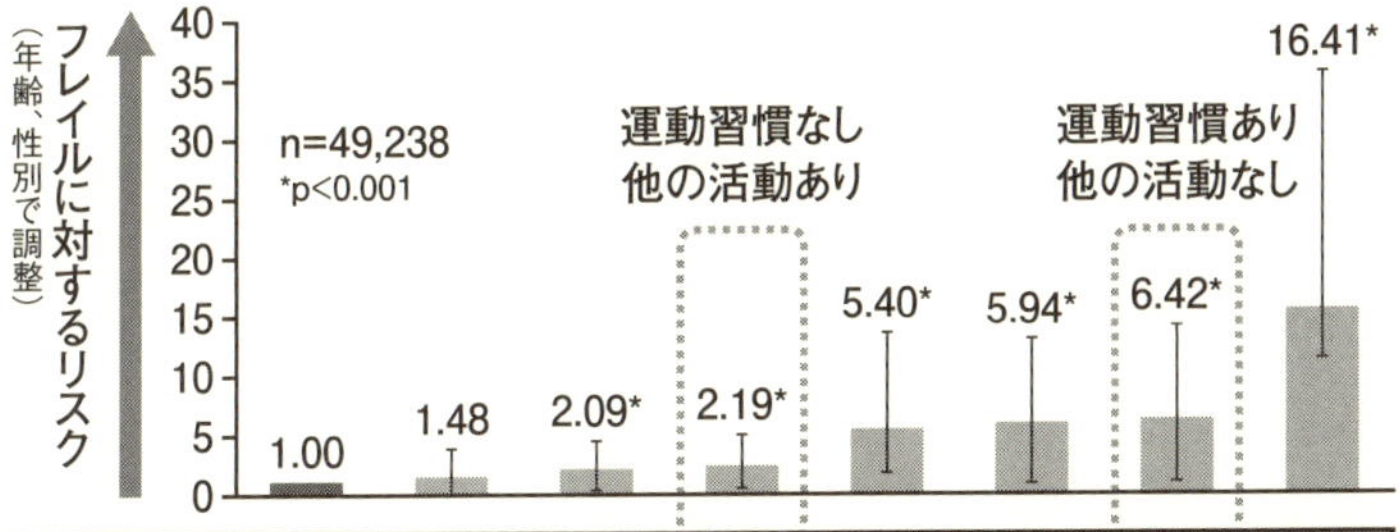

n	5,212	385	22,688	1,476	246	9,411	4,150	5,670
身体活動	○	○	○	×	×	×	○	×
文化活動	○	×	○	○	×	○	×	×
ボランティア・地域活動	○	○	×	○	○	×	×	×

（出典:吉澤裕世、田中友規、飯島勝矢 2017年 日本老年医学会学術集会発表、論文準備中）
「日医かかりつけ医機能研修制度 平成30年度応用研修会」 3. フレイル予防、高齢者総合的機能評価（CGA）・老年症候群_飯島勝矢

じるようになった時期（39・8％）」「年金を受給するようになった時期（23・1％）」「仕事から引退し、現役の第一線を退いた時期（12・3％）」「介護が必要になった時期（12・0％）」という回答になっています。

シニアは、年金受給や退職を一つの区切りとしている実態がわかります。

四つ目の理由として、サラリーマン生活を終えるとライフスタイルが大きく変わるからです。シニアは社会的なつながりが少なくなるので、積極的に関わる文化活動やボランティア・地域活動が少なくなります。

東京大学高齢社会総合研究機構の調査によると、このような活動が少なくなると、フレイルと言われる「加齢に伴い身体の予備能力が低下して健康障害を起こしやすくなった状態」、つまり要介護状態の前段階になりやす

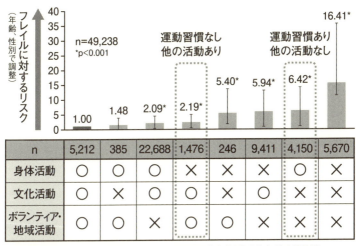

くなります。例えば、「運動習慣あり・他の活動あり」の人より、「運動習慣なし・他の活動あり」の人は2・19倍、「運動習慣あり・他の活動なし」の人は6・42倍、「運動習慣なし・他の活動なし」の人は16・41倍フレイルになりやすいとされます。ですから65歳という年齢は、シニアにとって健康状態が変わる契機となります。

このように、シニアを65歳以上として、一つの区切りと捉えることは一般的にも妥当と考えられます。そこで本書も社会的、経済的、政治的に見て、これからのシニアは65歳以上とし、そうでない非シニアを65歳未満ということで筆を進めます。

老齢化が及ぼすシニア市場の変化

日本は老齢化します。今後10年間のうちに前期高齢者が減り、後期高齢者が増えます。

これをシニアの消費の側面から見ると、退職して第二の人生を踏み出そうとするシニアは、余暇をいかに過ごすかということに関心を持ちます。しかし、だんだんと年を重ねると身体の自由もきかなくなり、医療や介護のニーズが高くなります。つまり、いかに余暇を過ごそうかと、大きなショッピングモールなどに出かけて買い物をしていた前期高齢者が、後期高齢者になると、徒歩で行ける近隣のスーパーで済まそうとします。

この現象をシニア市場全体で見た場合、**積極的な消費支出より、消極的な消費支出が増えると**

シニア市場の傾向

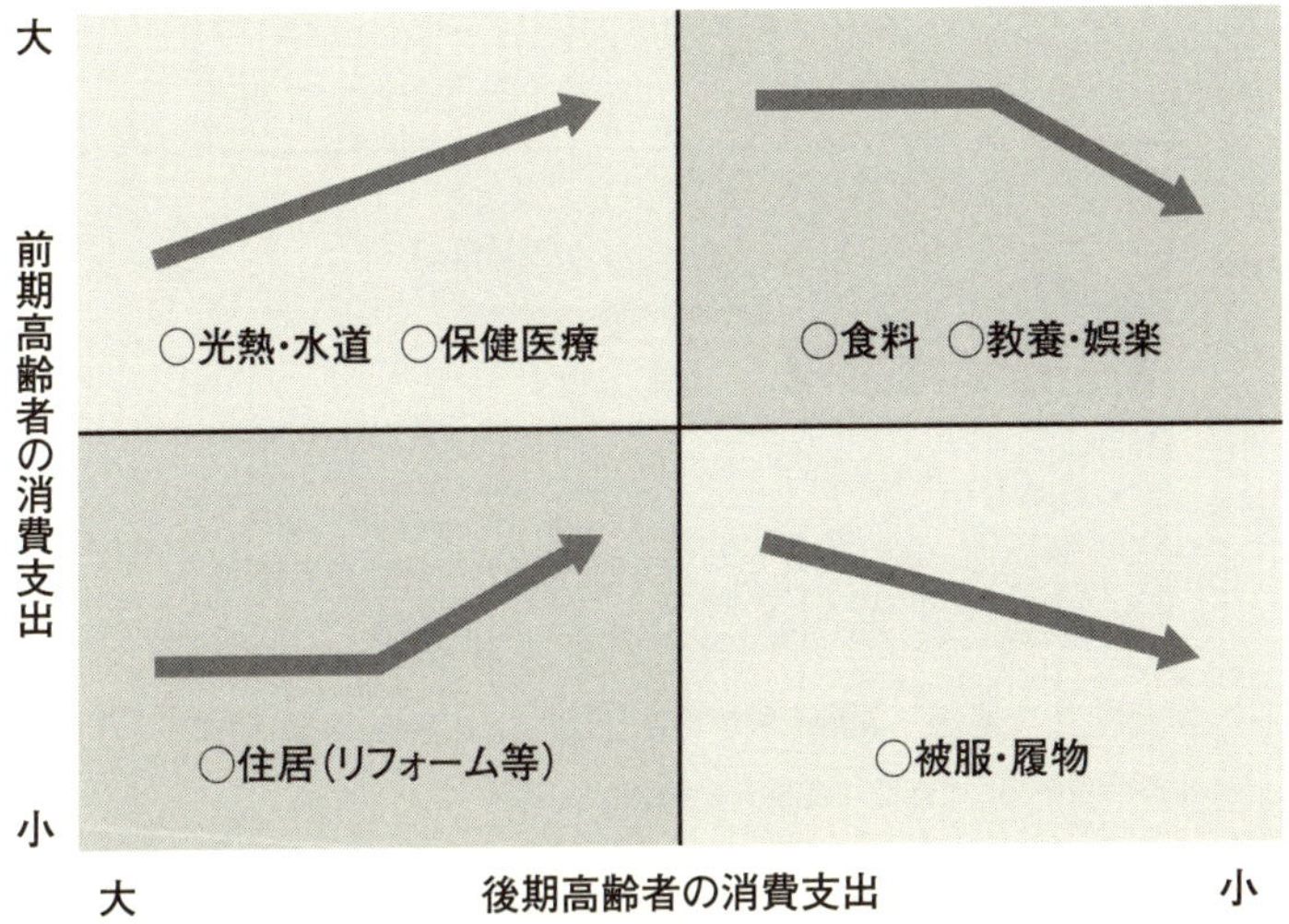

(出典:根本重之『「ディープな高齢社会」ニッポンで稼ぐ』日本経済新聞出版社、2013年)

いうことです。単純にシニア市場が増えると考えるのではなく、そのなかでも動きがあると見るべきです。

例えば、保健医療や光熱・水道といった需要は、前期高齢者も後期高齢者も高いのですが、前期高齢者と比べて後期高齢者のほうが需要が高いので、ますます伸びます。前期高齢者のときにはそれほどでなかったリフォーム需要は、後期高齢者になると、どんどん増えます。これに対して、食料や教養・娯楽、被服・履物などの需要はどんどん下がることになります。

ところで近年では、アクティブ・シニアという、「第二の人生を謳歌する元気なシニア像」をステレオタイプ的に想定して、シニアマーケティングが語られることが多くありま

平均寿命と健康寿命の差

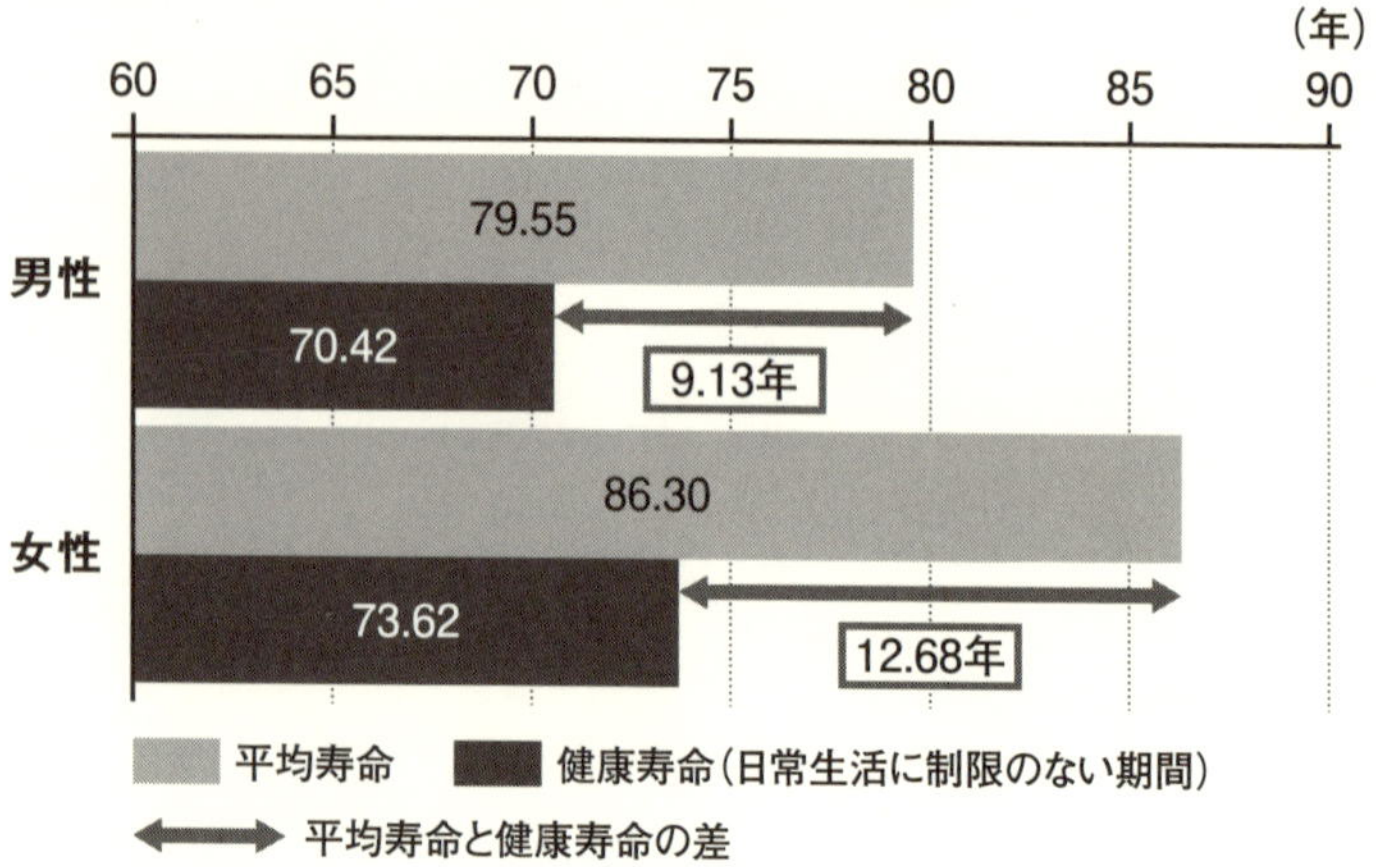

(資料:平均寿命(平成22年)は、厚生労働省「平成22年完全生命表」
健康寿命(平成22年)は、厚生労働科学研究費補助金「健康寿命における将来予測と生活習慣病対策の費用対効果に関する研究」)
(出典:厚生科学審議会地域保健健康増進栄養部会・次期国民健康づくり運動プラン策定専門委員会「健康日本21(第二次)の推進に関する参考資料」p25)

す。

買い物や旅行など、子供がいたときや働いていたときにはできなかったことを、退職後にしようと消費に積極的なシニアを想定し、サービスの量より質を重視し、至れり尽くせりの商品・サービスが喜ばれると考えます。

確かに、このようなシニア層はいますが、あくまで富裕層に限られます。大多数のシニアには当てはまりません。実際に、アクティブ・シニアを想定した商品・サービスは思ったより売れなかったと言われています。その原因としては、人生１００年と言われるほど平均寿命が伸びたことで、**豊かな老後ではなくなった**ということです。

一つの見方として、平均寿命と健康寿命との差があります。健康寿命とは２０００年にＷＨＯ（世界保健機関）が提唱したもので、「健康上の問題で日常生活を制限することなく生活できる期間」と定義されています。

平均寿命と健康寿命との差は、「日常生活に制限のある不健康な期間」を意味します。古い資料になりますが、厚生労働省によると、その差は男性9・13年（健康寿命70・42歳）、女性12・68年（健康寿命73・62歳）となっています。

こうした老後の長い期間を考えると、消費に意欲的になりにくい実態があります。

このようなステレオタイプ的な考え方が広まった背景は、直にシニアを見ることなく、シニアマーケティングを展開したからです。老齢化する日本において、**消費に意欲的でないシニア層にどのようにアプローチするのか**ということを考えないと、これからのシニア市場では生き残れないのです。

2 介護の視点から見たシニアの加齢現象

シニアの行動様式を変えない介護

シニアは、サルコペニアと呼ばれる「加齢にともなって生じる骨格筋量と骨格筋力の低下」により身体機能が低下します。サルコペニアになると足腰が弱くなり、ふらつきや転倒が起こりやすくなります。そのため、お店まで歩いて行くことが、徐々に難しくなってきます。

また、加齢現象により五感機能（視覚・聴覚・嗅覚・味覚・触覚）も低下します。五感が衰えた状態でお店を訪れると、どのような不便があるのでしょうか。

例えば、レストランに行く場合です。

左記は極端な事例ですが、視覚が衰えるとメニューが見えなかったり、聴覚が衰えると店員の声が聞こえなかったりで、きちんと注文することができなくなります。また嗅覚が衰えると料理の匂いがわからなかったり、触覚が衰えるとお皿の温度がわからなかったり、味覚が衰えると料

加齢によりレストランで不便を感じること

行動	加齢現象による影響
テーブルに座り、メニューを見た	メニューが読みにくく、何を注文すればよいのかわからなかった（視覚）
店員が、どのメニューがいいのかを聞いてきた	店員が、何を言っているのか聞き取れなかった（聴覚）
注文した料理がテーブルに運ばれてきた	料理の匂いがわからなかった（嗅覚）
料理ができたてのため、お皿が熱かった	お皿を触ってみてもあまり熱いと思わなかった（触覚）
料理を食べた	料理の塩味が足りないと感じた（味覚）

上記は極端な事例だが、年を取ると一部の感覚機能が衰えるので、何らかの不便を感じるようになる

理の味がわからなかったりと、料理を十分に楽しむことができなくなります。

このように年を取ると一部の感覚機能が衰えるので、何らかの不便を感じるようになります。そしてシニアについては、この当たり前の加齢現象を踏まえたうえで、マーケティング手法を考えなければなりません。

それだけではなく、**シニアによっては加齢現象も一様ではない**ことを踏まえる必要があります。

例えば、目はよく見えるけれど、耳が聞こえにくかったり、逆に耳はよく聞こえるけれど、目がよく見えなかったりと、シニアによって症状は様々です。

また加齢現象は、視覚のように40代から低下が始まるものもあれば、聴覚や内臓（消化器、呼吸器）のように50代から低下が始まる

老化にともなう生理機能の変化

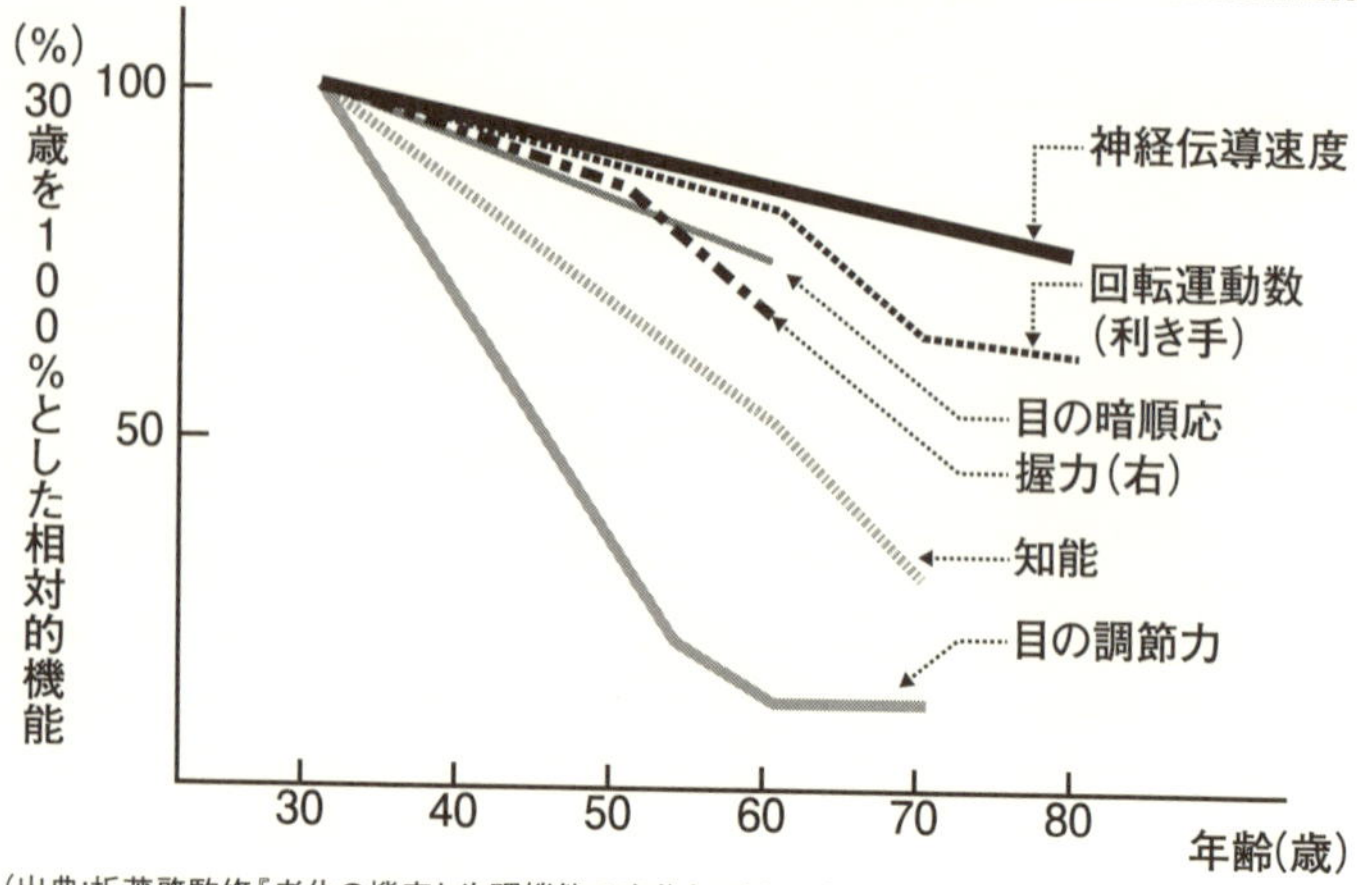

(出典:折茂肇監修『老化の機序と生理機能の変化』メジカルビュー社、1993年)
(出典:片岡泰子、貝塚恭子、小池和子『住まいQ&A高齢者対応リフォーム』井上書院、2003年)

30歳以降の老化にともなう生理機能の変化

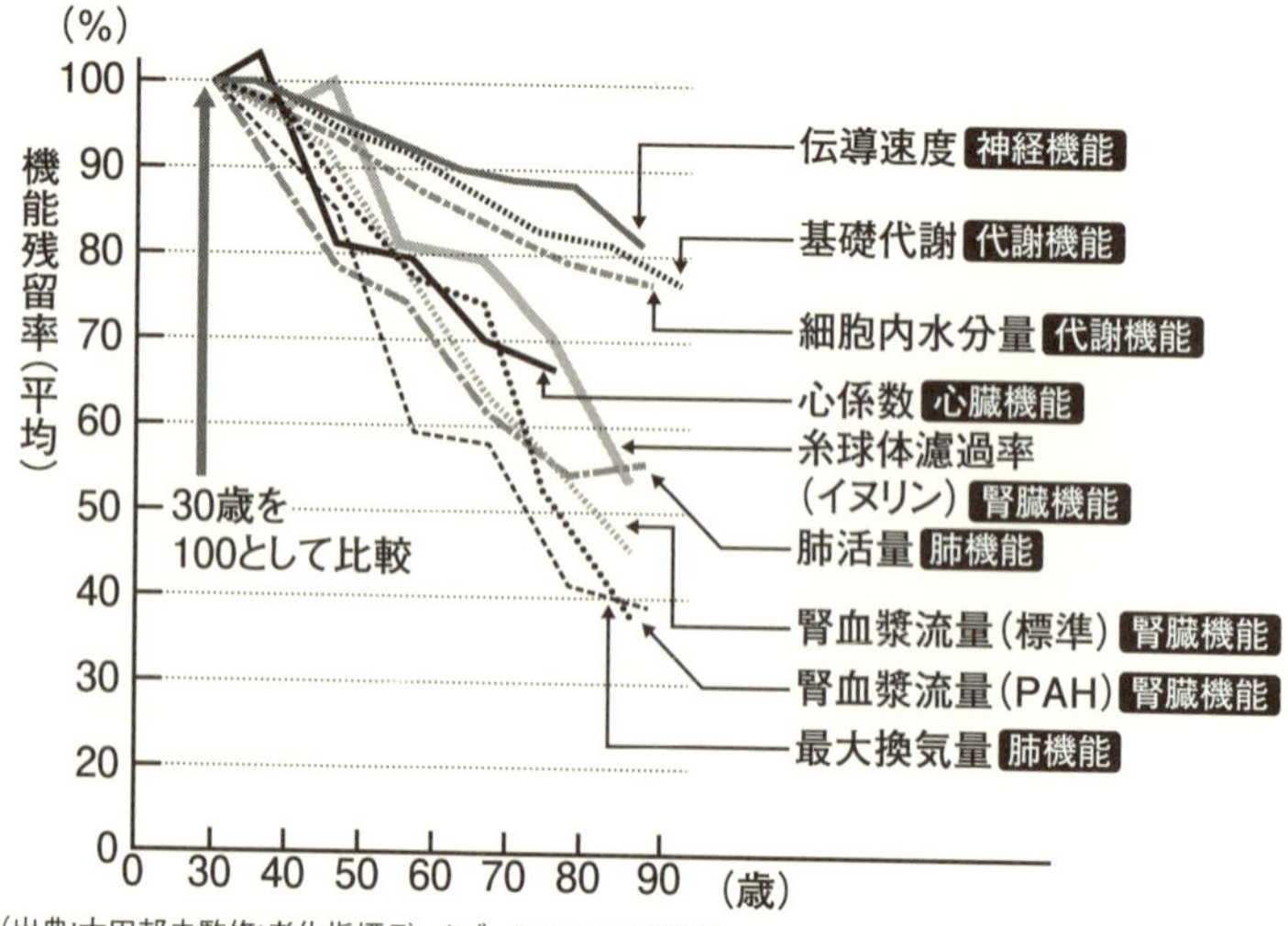

(出典:太田邦夫監修:老化指標データブック、14-15,1988)

ものもあり、一様ではありません。

一見とても健康そうなシニアであっても、認知症状に悩んでいることもあり、シニアごとに加齢現象は異なります。そのうえ日によって体調も変わりやすいので、外から見てわかりにくいこともあります。

介護の仕事では、シニアの行動様式に合わせて支援します。

両親や会社の上司など、身の回りのシニアを思い浮かべてもらえればわかりやすいと思います。昔はもっと頭が柔らかかったのに、年を取るごとにだんだんと頑固になっていきます。

このような加齢現象にともなうシニアの行動様式を変えることは困難なので、ありのままを受け入れて、対応する必要があります。加齢現象は不可逆的なものであり、受け入れていくものだと考えるべきです。「何で頑固なのだ」と言い返すことはあまり生産的ではなく、そういうものなのだと割り切らないといけないのです。

シニアマーケティングでも同じです。足腰の弱いシニアには宅配サービスを、物忘れが多いシニアにはわかりやすい接客対応を、といった具合にマーケティング手法を考える必要があります。

最近では、老年学（ジェロントロジー）の視点からシニアの加齢現象が注目されています。しかしながら、加齢のメカニズムを探求することよりも、小さな飲食店や小売店は**具体的にシニアをお客様とするために必要なことを知る**ほうが大切です。シニアにとっても研究対象となるよりも、便益をもたらしてくれるほうが重要です。

シニアマーケティングを考えるうえで大切なことは、なぜシニアがそのような行動を取るのかではなく、シニアの実際の行動に対して、**周囲の人がどう対応するか**を考えることなのです。

シニアの身体的な加齢現象

①足腰が弱くなると背中が丸くなる

一見してわかりやすいシニアの加齢現象は、背中が丸くなっていくことです。

「20歳まで身長は伸び、30歳代で運動機能の低下が始まり、60歳代で背骨が変形し、身長が低くなり、前屈みになる」と言われています。

これは、まず脚力が衰えるところから始まります。脚力が衰えると、立位のバランスを保つために首と頭が前のめりになります。それに合わせて背中が丸くなっていくのです。75歳では身長が7・6㎝低くなると言われています。

姿勢が前のめりになると、歩くときにつま先が上がらず、体重移動がスムーズに行なえないので、床のちょっとした段差に引っかかるだけで転倒しやすくなります。また目線が下がることにより視界が狭まるので、自分のうえにある物を見るのが苦手になります。さらに、両腕も上がりにくくなるので、例えば台所の食器棚にあるお皿を取るのも一苦労になります。

脊椎骨の年齢別変化

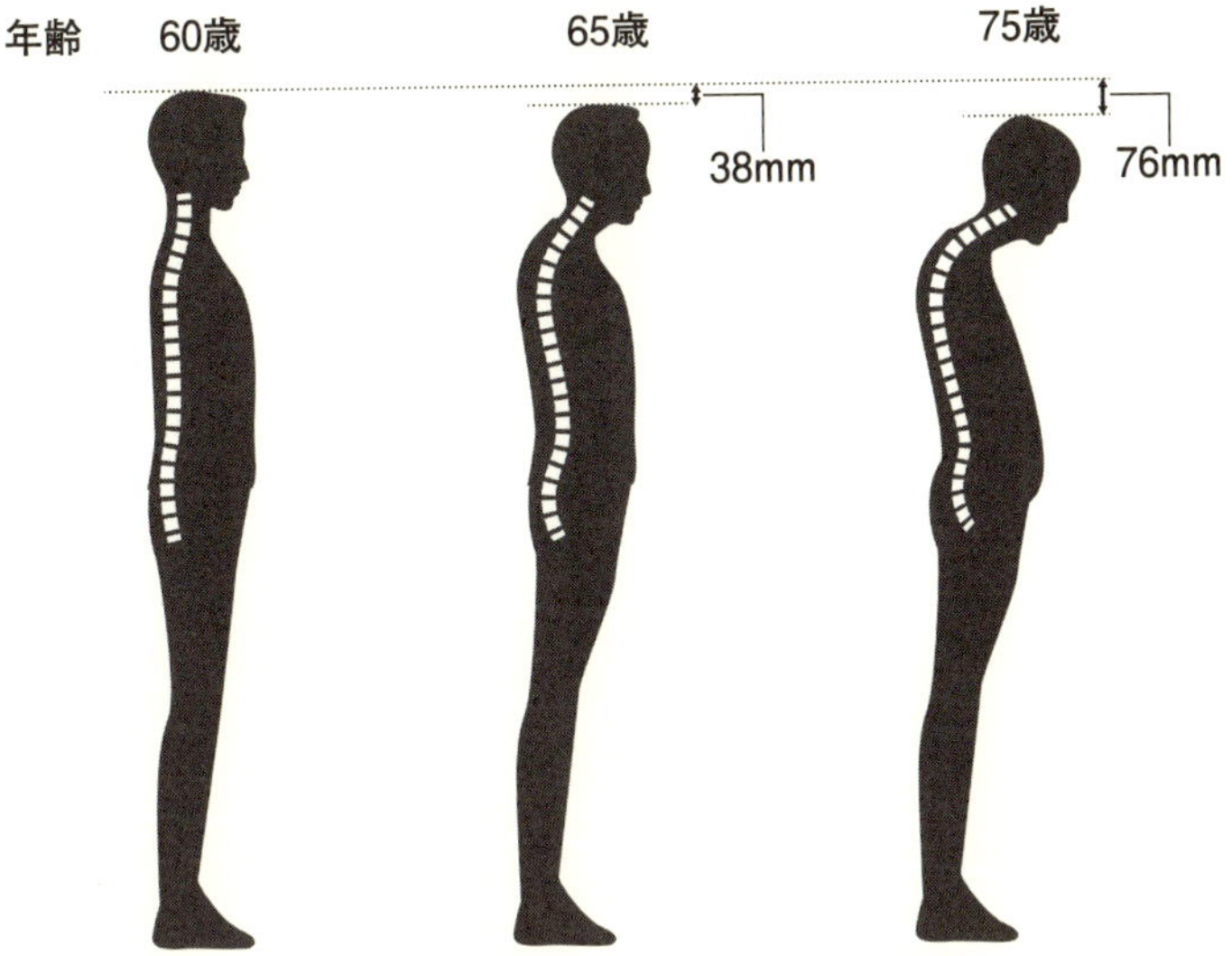

(出典:片岡泰子、貝塚恭子、小池和子『住まいQ&A高齢者対応リフォーム』井上書院、2003年)

このため歩いて移動できる範囲が、若い頃と比べて著しく狭くなります。自宅が高度成長期に建てられた団地の一室のように、エレベーターが設置されていない場合だと、1階に暮らしている場合を除くと、生活が著しく不安定になります。

階段を降りるときに、他の人による見守りがないと、転んで大けがをすることもあります。とくに女性の場合は、閉経後に骨密度が低下するため、固いコンクリート床でバランスを崩して尻もちをつくと、簡単に骨折することがあります。

現在は車社会なので、シニアによってはほとんど車で移動しています。そのため、歩くことをあまりしていないので、60代後半ですでに足腰が弱くなっている方をたまに見かけます。車を運転できる間はいいのですが、運転できなくなると行動範囲が一気に狭まります。

また、街中で赤信号の横断歩道を渡っているシニアを見かけることもあります。これは、転倒することが怖くて下ばかり見て、赤信号に気づいていないこともありますが、信号機がシニアの歩くスピードよりも早く変わってしまうことによるケースもあります。

足腰が弱くなると、外出するのも一苦労になります。

②夏の暑さには強いが、冬の寒さには弱い

血管は年齢とともに太くなり、血流が悪くなります。心臓は血液を体内に送るポンプの役割を担っているので、血液を身体に巡らすために心臓への負担が増加し、高血圧となります。

高血圧になると、気温の変化が身体に与える影響が大きくなります。例えば、冬場の入浴後に温かい浴室から寒い脱衣室に移動した際、身体が急激に冷えるので、身体を温めるために血流をよくしようとして血圧が上がります。この影響は非シニアと比べてシニアには大きな負担になります。場合によっては、発作を起こすこともあります。

ところで、シニアの体感温度は低い傾向があります。ときどきニュースで、シニアが部屋のなかで熱中症のために亡くなる事故が取り上げられますが、非シニア層からしたら酷暑でクーラーがなくても過ごしていることが不思議かもしれません。

しかし、暑いということに対しては、シニアはあまり抵抗がなく、人によってはクーラーは身体に悪いという偏見があって、あまり活用しないことがあります。そのため、気づかないうちに熱中症により脱水症状が起き、不運にも亡くなるケースがあります。

したがって、シニアがよく利用する飲食店などの場合は、**室温の調整に気を配る**必要があります。夏場は弱冷房が好まれます。とくに女性は男性と比べて冷え性なので、より気をつける必要があります。

冬場は室内を快適温度に保てば十分です。シニアの場合、肌感覚が衰えるため、コタツやストーブを利用していて低温やけどになることがあります。肌が弱いのと肌感覚が鈍感になっていて、気づかないうちに長時間熱源と接していることにより受傷するからです。低温やけどは重症化しやすいので、気をつけなければなりません。

とくに冬場は乾燥するので、インフルエンザなどの感染症にかかりやすくなります。免疫力が低下しているシニアの場合、とくに危険なので**加湿器などで湿度を保つ**ことが必要になります。介護施設では、毎年インフルエンザ予防が課題となります。

なお、認知症のシニアのなかには、夏場でも服を重ねて着ようとする方がいます。服を何枚着ても「寒い」と言います。こうした方は認知機能や体温調節機能の低下もあるので、着込まないようにすることや水分補給を適宜行なう必要があります。

③外見からわかりにくい身体的な加齢現象

シニアとのコミュニケーションで難しさを感じるのは、一見しただけではわからない加齢現象がある場合です。私の体験上、とくに聴力の衰えについては、とても難しいと感じます。耳が遠いシニアとの対話では、伝えたことが本当に伝わっているのか、確信を持つことができません。

シニアは愛想よく反応してくれるので、つい伝わったものと思ってしまうのですが、実際は違うことがあります。日本の文化は曖昧さをよしとするところがあり、行間を読んで内容を理解するような側面があるため、言葉に遠慮が働くと対話が難しくなります。

例えば、シニアが料理について「おいしいですね」と言った場合には、本当に「おいしい」と思っていることもあれば、相手を慮って「(表面的に)おいしい」と言っている場合もあります。難聴のシニアは、自分が聞こえていないことに遠慮があるために、非常に愛想よく返事をしてくれるので、受け手側は注意を要するのです。

また視力の衰えについても、シニアとコミュニケーションを取るうえで難しいと感じます。シニアは、まぶたの筋肉が衰えることでまぶたが下がりがちになりますし、白内障が50代から半数以上の人に発症し、80代になると99%の人が白内障になると言われています。

白内障になると、暗いところと明るいところが見にくくなります。人が視覚から得る情報量は全体の80%以上と言われているので、**非シニアの視力で得られる情報量とシニアの視力で得られる情報量の格差はとても大きくなります。**

非シニアの立場では見えているだろうと思っても、シニアには実際に見えていない、または見ていないことも多いのです。視覚情報は当たり前すぎて、相手も見えているという前提でコミュニケーションを取ってしまいがちですが、シニアについては注意を要します。例えば、人が目の前を通った場合に、通常の視力があれば人が通ったことがわかるのですが、視力が衰えていると目の前を大きな黒い物体が横切ったように見えます。

非シニア層は視覚による情報を共通認識のように思いがちですが、視力が衰えているシニアにとってはまったく違うので、気をつける必要があります。

その他として、味覚や嗅覚も衰えます。シニアは腐った食物を口にしてしまうことが往々にしてあるので、消費期限が来た食べ物は順次捨てていくほうが無難です。

シニアの精神的な加齢現象

①覚えること、忘れること

人は年を重ねるごとにだんだんと記憶力が低下します。私の場合、20歳の頃は家を出るときに、「ガス栓を閉めたか」「電気を消したか」「鍵を閉めたか」といったことはほとんど覚えていました。しかし、それから20年もたつと、家を出た後に、鍵を閉めたかどうか頭のなかになく、不安になって家に戻り、玄関ドアのノブを回して確認することがたびたびです。加齢とともに記憶力が下がるのは仕方がないことです。

記憶には短期記憶と長期記憶があります。「短期記憶」とは、時計を見て時間を確認した場合に、その時間についてほんの数十秒から1分程度覚えているような記憶を言います。これに対し「長期記憶」とは、過去の出来事や車の運転方法など、年単位にわたって覚えている記憶を言います。

シニアの場合、短期記憶が弱くなり、新しいものへの適応に時間がかかります。その反面、長期記憶は依然として残ります。とくに20歳前後の記憶は強く残ると言われています。そのため、長期記憶に頼ることが増えるので、過去への愛着が強くなります。

ところで、シニアの物忘れが多くなることで、家族や友人などの身近な人が「認知症」ではないかと疑うことがあります。認知症は病名ではなく、「認識したり、記憶したり、判断したりする力が障害を受け、社会生活に支障をきたす状態」を言います。認知症には、アルツハイマー型認知症、脳血管性認知症、レビー小体型認知症などがあります。

加齢による普通の物忘れは、例えば、「うっかり約束した時間を忘れてしまう」「印鑑をどこにしまったか忘れてしまう」などで、これは認知症の症状ではありません。認知症による物忘れとは、「約束したことを覚えていない」「印鑑をしまったことを忘れる」といった、「そのこと自体」を覚えていないことを言います。普通の物忘れとは、忘れたこと自体を自覚している点が異なります。

ただし、重度の認知症の場合でも、何もかもわからないわけではありません。例えば、認知症のシニアの場合、自分は何歳なのかわからない人が多くいます。しかし、誕生日を尋ねると答えてくれることがあります。自分が何歳であるかは計算が必要なのですが、誕生日は長期記憶だか

認知症の主な中核症状

記憶障害	5分前の出来事を忘れてしまう
見当識障害	時間や場所、人がわからない
実行機能障害	物事の手順がわからない
失語	言葉が出ない
失算	計算ができない
失行	運動障害が見られないにもかかわらず、日常生活で普通に行なっている行動ができなくなる

認知症の主な周辺症状

- 徘徊
- 妄想
- 作話
- 暴力
- 異食
- 焦燥
- 不安
- 介護拒否
- 幻覚
- 失禁
- 不潔な行動
- 弄便(ろうべん)
- 性的行動

らです。ですから聞き方しだいで、認知症の人の記憶をたどることができます。

認知症には中核症状と周辺症状がありま す。

「中核症状」とは、「脳の機能に障害が生じることによって直接的に起こる記憶障害、見当識障害、実行機能障害、失語、失算、失行などの障害」を言います。

「周辺症状」とは、「中核症状にともなって起こる行動症状・心理症状」を言います。中核症状と異なり、周辺症状はそのときの気持ちや環境に左右され、認知症の患者によって様々な症状が現われます。周辺症状として、徘徊や異食、暴力、自分の便を触ったり周囲に擦りつける弄便など様々な問題行動が起きるため、介護者にとっては大きな悩みとなります。

日本における認知症の人の将来推計

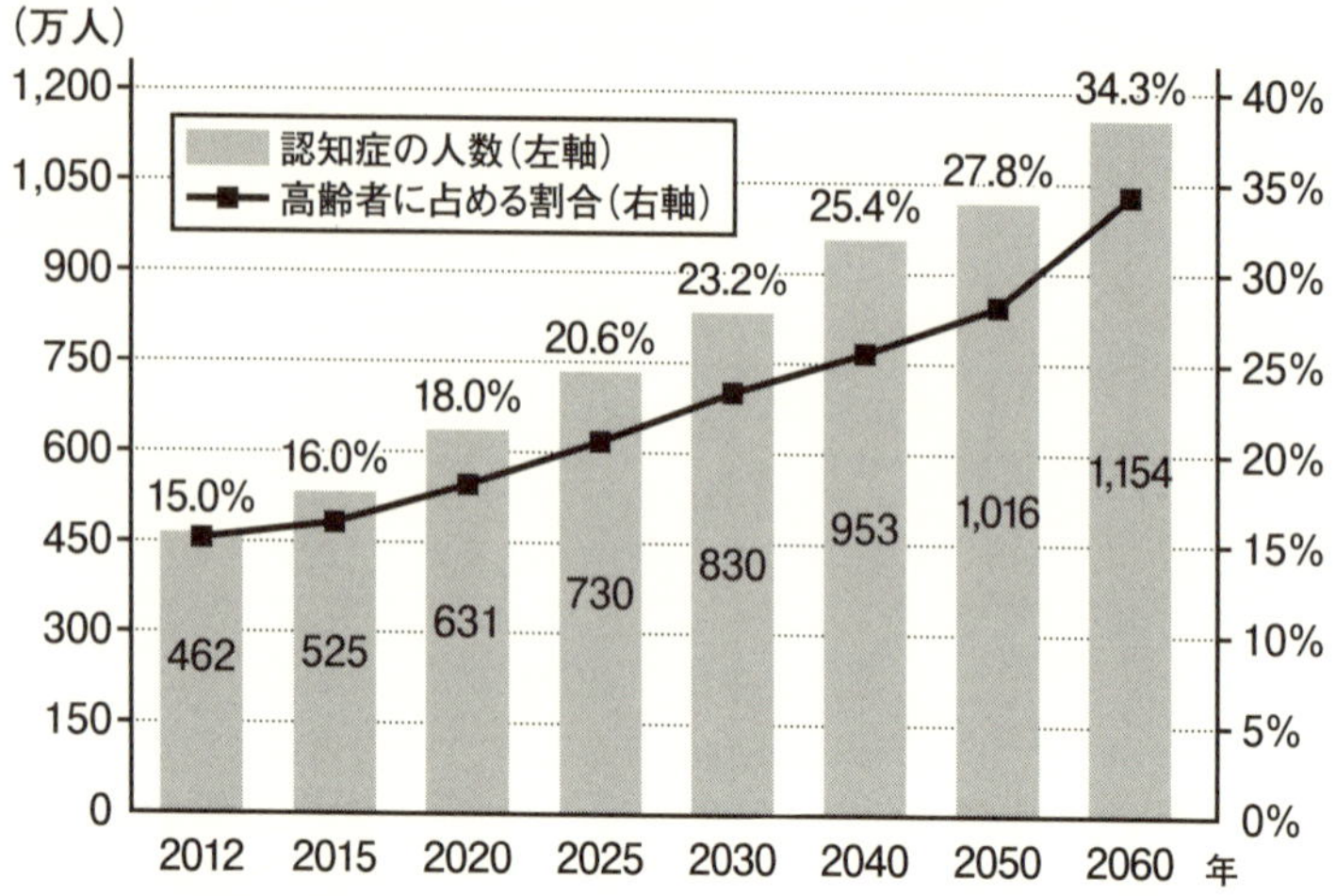

※各年齢の認知症有病率が上昇する場合の将来推計
(出典:認知症施策推進総合戦略(新オレンジプラン)〜認知症高齢者等にやさしい地域づくりに向けて〜の概要(厚生労働省)を基に作成)

認知症にかかっている方の割合(年齢別)

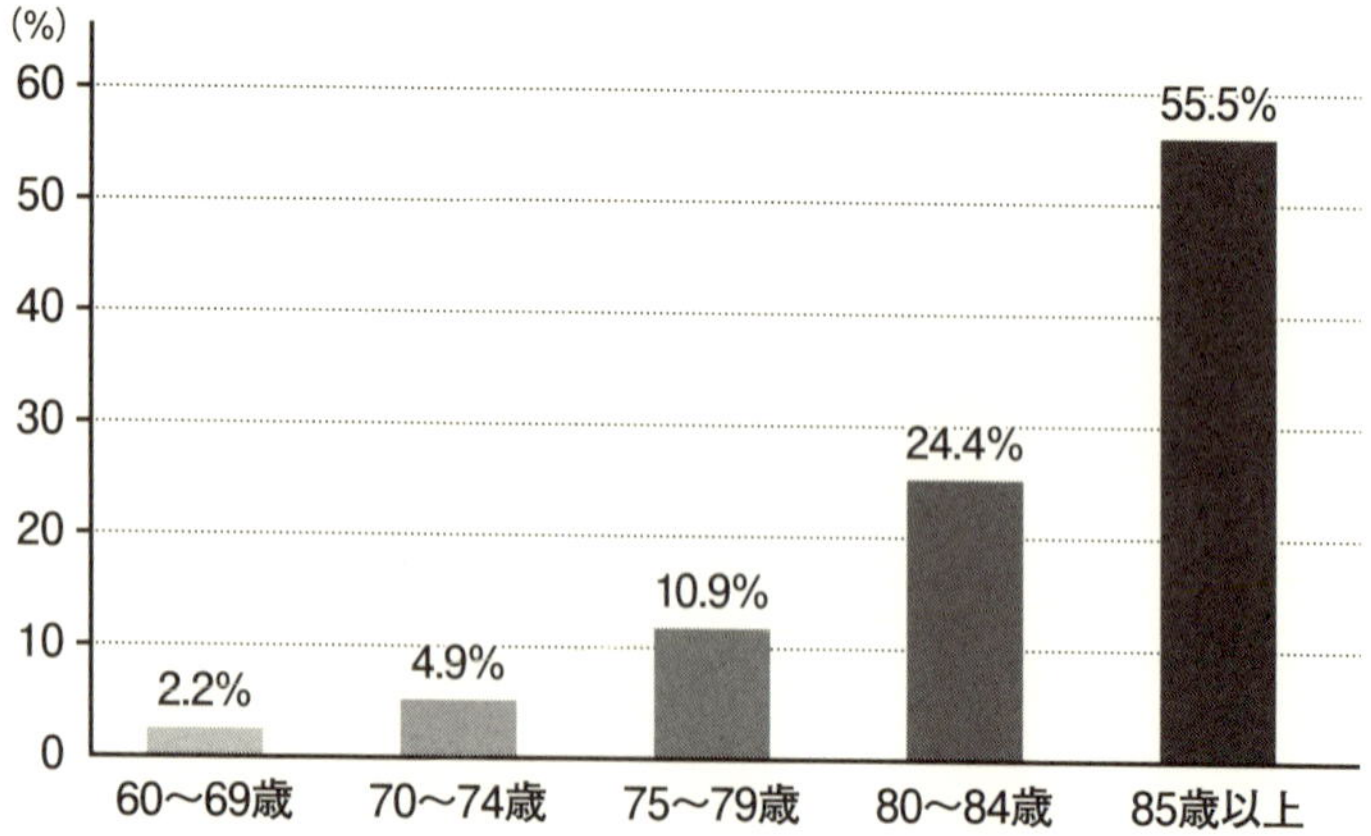

(出典:「日本における認知症の高齢者人口の将来推計に関する研究」(平成26年度厚生労働科学研究費補助金特別研究事業)より算出)

なお最近では、積極的に認知症サポーター養成講座の受講を奨励している接客業のお店が増えています。

親族や知人が認知症になる人も増えています。厚生労働省によると、2025年には認知症の人は730万人に増え、シニアに占める割合も20・6％と、5人に1人が認知症を発症すると予測されています。また、85歳以上の人であれば、55・5％の人が認知症を発症するとされています。

認知症は、より身近な人に対して、症状がより強く出る傾向があるので、軽度であれば来店されたシニアが認知症であるかどうかはわかりません。しかし、社会的に見て認知症は他人事ではなく、身近なものとして捉える必要があります。未来のシニアマーケティングにとって、認知症の理解は欠かせません。

②繰り返しの毎日が培った頑固さ

シニアはとにかく頑固です。要因としては、長い間積み重ねた経験により、思考の柔軟性が失われていくからです。

例えば、男性のシニアの場合、学校を卒業してから退職するまで、会社勤めをしています。最近の風潮とは違って、定年退職するまで一つの会社に勤める方も多くいました。

このような人は、ずっと同じ社会生活を、週5日当たり前のように送っているため、仕事以外の関係で人と接することが少なく、また休日は家で家族と過ごすことが多かったのです。そのため、どうしても自分と違った考え方の人と接することが少なく、思考の柔軟性がだんだんと失われていきます。

男性のシニアの場合、退職してから十数年たっても、かつての仕事を自慢げに話す人がいます。自己の価値を仕事に置いていた分、働いていた頃の考え方を退職後もなかなか変えることができないのです。

退職後に、会社以外での交友関係をつくることができず、自宅に半ば引きこもった生活をしている男性のシニアを見ると、積み重ねた習慣はなかなか容易には変えられないのだとつくづく思います。

それに対して女性のシニアは、柔軟な考え方の人が多いようです。子育てを通して新しい体験をする分、男性のように積み重ねによって柔軟性を失うことが少ないからなのだと思います。

ところで、シニアの頑固さは周囲の人が否定すればするほど、強くなります。身近な人が否定するほど意固地になります。

例えば、シニアによっては、自分が育った環境で上下関係や礼儀作法が厳しかった場合には、他人にも自分が上の立場として同じような関係を求めます。こうした姿勢は家族や知人が諭してもなかなか直らないので、周囲から人が離れていく原因にもなります。このようなケースでは、なるべく第三者に助けを求めるとよいでしょう。

③依存したい気持ち、依存されたい気持ち

シニアは依存しやすいものです。シニアの年齢になると、自分の健康に対する不安や社会的な役割の喪失があり、周囲の人の死が身近になり、意欲が低下しやすくなりますし、うつ症状も出やすくなります。そのため無気力になり、寂しがりにもなります。

他者に依存するだけでなく、自分が主役のように振る舞い、周囲とトラブルに発展することもあります。

例えば二世帯で暮らしているケースだと、母親が息子に依存して、息子の嫁に対して攻撃的になるような場合です。親世代・子世代が二世帯で上手に暮らしていくには、ある程度の距離感を設けて、過干渉とならないように気をつける必要があります。

ところで、ときどきニュースで、高齢者世帯で介護疲れが原因となった、配偶者による殺人事件が報じられることがあります。

とても痛ましい事件ですが、なぜ市町村役場の窓口や地域包括支援センター、ケアマネジャーなどに相談しなかったのかが気になるところです。あるいは相談を受けた市町村の担当者が、不誠実に対応していたということも考えられます。

しかし実際は、話はそう単純ではありません。介護される人が介護する人に依存するのは当たり前としても、介護する人が介護される人を支えることを使命と思い込み、依存することがあり

ます。これを共依存と言い、目を離せないくらい密接な人間関係ができあがっていることで、とらわれてしまっている状態です。

シニアがシニアを介護する老老介護ではこの点が大きな問題であり、周囲の人の助けを拒絶する原因になります。例えば、ケアマネジャーが訪問介護の利用を促した場合に、自分たちで何とかなると言い、断るようなケースです。

このようなケースでは、周囲の人が正しいことを伝えても悪く解釈されることが往々にあるので、関与するのが難しいという実態があります。

とくに介護される人が認知症であった場合には、強い不安感や認知症への偏見から相談できない人が多く、周囲の協力を拒絶することが多いのです。

痛ましい事件の背景には、配偶者の拒絶という難しい要因が絡むことが多々あります。

なお、このようなケースで、支援者の立場でシニアの家族や知人が心配していることを告げると逆効果になります。

シニアは、自分があずかり知らぬところで自分が話題になることを嫌います。それが、シニアについて肯定的な内容であっても、悪口を言われているように感じるからです。

3 介護ビジネスって本当は儲かるのですか？

介護ビジネスと介護保険制度

①介護報酬の仕組みを知る

「シニア人口が増えるから、これからは介護事業だ」と考える人もいるかもしれません。
最近では、大手生命保険会社やハウスメーカーなどが、介護事業者にM＆Aを仕掛けて傘下に収めているケースがあります。そうすると介護ビジネスの将来性について、明るい見通しがあるように思えます。

この点、介護事業が儲かるかどうかを知る前に、介護報酬の仕組みを知る必要があります。なぜなら介護事業の収入の大半は介護報酬であり、介護報酬は国が決めるので、国のさじ加減ひとつで介護事業が儲かるかどうかが決まるからです。

ところで、介護報酬は次の式により算出されます。

介護報酬の算出に関わる要素

名称	内容
基本報酬単位	介護サービスごとに、利用者の要介護度、利用回数や利用時間、事業所規模などを勘案し設定されます。
加算・減算	加算は、付加サービスを行なった場合や基準を上回る職員を配置した場合などに、単位数が上乗せされます。反対に減算は、標準的なサービス水準が確保されていない場合などに単位数が差し引かれます。
処遇改善加算率	事業所として職員の賃金改善を実施するなどの要件を満たした場合、介護報酬が増加します。なお、事業所は増額分を超える金額を職員の賃金改善に用いなければなりません。
地域別報酬単価	地域ごとの人件費格差を是正するための調整係数です。1単位は原則10円として換算されますが、都市部と地方の人件費格差を介護報酬に反映します。

(基本報酬単位 ＋ 加算 － 減算) × 処遇改善加算率 × 地域別報酬単価

例えば、要介護度3の利用者が通常規模のデイサービスを7時間から8時間利用し（基本報酬883単位）、入浴した場合（加算50単位）で、そのデイサービスが処遇改善加算Iを取得しており（処遇改善加算率5・9％）、市町村が3級地にある場合（地域別報酬単価10・68円）は、介護報酬は1万552円になります（2018年4月1日時点）。

つまり、国はこの単位数・乗率を変えるだけで、介護事業者の収入を変えてしまうことができるのです。

ところで介護保険制度は、2000年にできました。主な対象者は65歳以上の方になります。この頃にはすでに少子高齢化が進むことは明らかであったので、将来的に財源の確保が課題になることは確実でした。

もともと介護保険制度ができる前の老人福祉制度では、老人医療費は原則として無料でした。その結果、老人による病院の過剰診療や社会的入院（生活上の理由での入院）が増え、老人医療費が増大しました。しかも低所得者を対象とした福祉サービスが中心であったため、広く一般的な制度が必要となりました。

このような背景のもとにできたのが介護保険制度なので、どうしても保険財政の圧縮が重点的な課題になり、保険財政の給付と負担のバランスを保つことが政策目標になります。

ところが、少子化が進むと介護保険料収入は減りますし、他方で要介護者は増えるので、給付と負担のバランスを保つことが難しくなります。

なお、政府は２０１８年５月に、高齢者の人口がピークに近づく２０４０年度を見据えた社会保障給付費の将来推計を公表しました。

それによると、２０４０年度は１９０兆円と、２０１８年度（１２１・３兆円）の約１・６倍になっています。介護給付費については、10・７兆円（２０１８年度）が、25・８兆円（２０４０年度）と約2・4倍となっています（次ページ図参照）。

ただし、将来推計の前提が、日本の経済成長率を年2％と、非現実的な数値にしています。また、２０４０年には65歳以上の人が約４０００万人おり、３人に１人がシニアとなることや85歳

社会保障給付費の見通し（出典：内閣官房・内閣府・財務省・厚生労働省　平成30年5月21日）

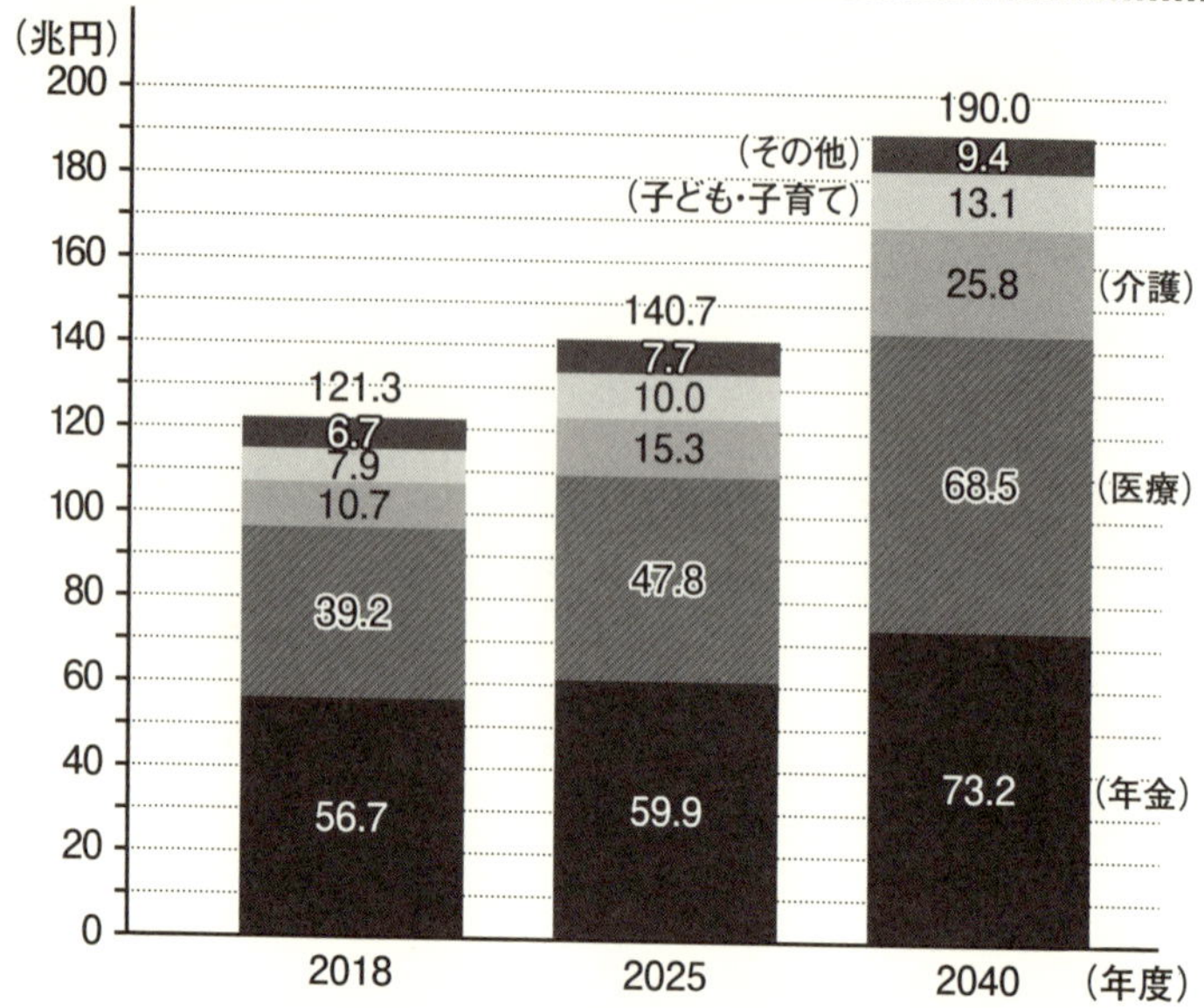

以上の人が１０００万人超と、現在の2倍に膨らむと推計されます。

さらに、15歳から64歳までの生産年齢人口が約１５００万人減り、社会保障制度を支える就業者数も約９３０万人減る見通しであることを念頭に置く必要があります。

したがって、これからも介護保険制度改正は介護事業者にとって厳しいものとなります。介護業界の経営環境は厳しいものと考えるべきです。

②儲かっているのはけしからん！

介護報酬は、概ね3年ごとの介護保険制度改正により見直されます。単位数・乗率だけでなく、給付内容も変わることが多いので、この改正が介護事業者の経営を大きく左右します。

介護報酬は「介護事業経営実態調査（厚生労働省老健局老人保健課）」から明らかとなった介護サービスごとの収支差率（収入と支出の差額が収入に占める割合）などを基礎資料として政策的な観点から改定が行なわれます。端的に言うと、利益が出ている介護事業ほど、厳しい改定となりやすいと言えます。

しかしながら、利益が出るのは経営努力をしているからです。利益が出ることは、本来はよいことのはずなのですが、こと介護福祉の分野では儲かることは悪のように思われており、利益が出れば介護報酬を削られてしまい、介護事業者にとっては悩ましい現実があります。

最近では、社会福祉法人などが運営する特別養護老人ホームの内部留保が、1施設あたり平均3億円、全体で2兆円を超えているとされる点を踏まえて、介護施設は儲かりすぎではないかと問題視されています。

しかし内部留保については法人単位で見るべきであって、施設ごと見るべきではありませんし、経営を安定的に運営するには、一般的に月商の3倍の内部留保が必要だとされているので、収入額を考慮せずに批判するのはおかしなことです。

また、社会福祉法人に多額の補助金（整備費の1／2）が投入されるのは、建築費や設備費などの初期投資額が各種規制によって多額となることや、そのわりに利益率が低いからです。社会福祉法人は、土地・建物は原則として自己所有となるので総資産は過大であり、収入の2、3倍以上となることが多く、投資効率は低いのです。

介護報酬改定率の推移

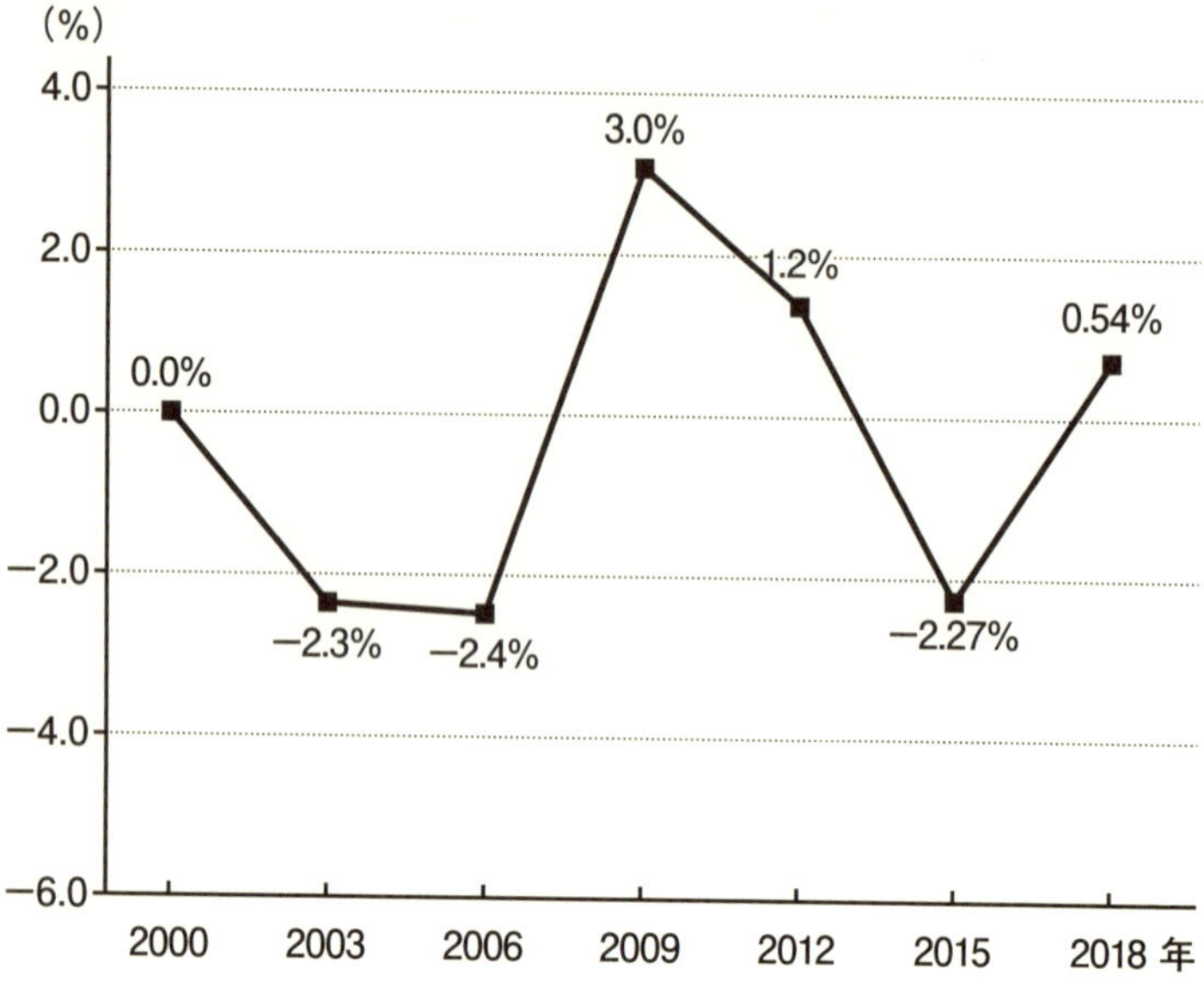

さらに一般企業と異なり、社会福祉法人には持分権がなく、一般企業のように配当による社外流出がありませんし、理事報酬は無報酬または日当の場合も多いのです。社会福祉法人の運営にあたっては、毎年、監督官庁による指導監査があり、支出についても様々な規制があります。

つまり一部の優良法人を除くと、内部留保は長年の蓄積によるものであって、介護事業は本質的に稼ぎにくく、あまり儲からないビジネスモデルなのです。

なお、社会福祉法人は毎年度、所轄庁への現況報告や経営情報の公開などが義務づけられているので、自治体のホームページで閲覧することができます。

介護業界の人手不足の本当の意味

介護業界での人手不足はよく知られています。人手不足の要因として、労働市場との関係から見ると、2011年に起こった東北大震災からの復興や2020年の東京オリンピックに向けた建設ラッシュがあります。他の産業が好調なため、介護業界への入職者が少なくなるからです。

また、要介護者の増大に比べて、労働供給が追いついていないこともあります。厚生労働省によると、必要とされる介護人材は、2016年度末の段階で190万人であり、2020年度末には必要数216万人に対し、供給数予測は203万人で13万人が不足し、2025年度末には必要数245万人に対し、供給予測数は211万人と34万人が不足する見込みです。

さらに介護事業の場合、他の産業と比べて、人手不足の深刻さの意味合いが違います。

介護事業には、介護保険法令による人員配置基準というものがあります。これに違反すると、介護事業そのものの指定取消しにつながります。また、通常以上の人員を配置した場合に得られる加算もあるのですが、少しでも下回ると1カ月分の介護報酬が減額されます。

しかも、単に人を配置すればよいというわけではなく、大半の職種が国家資格を取得していることや特別な研修を受けていることが条件になります。それが複雑多岐にわたるのが介護事業の難しさです。

介護福祉関係の資格一覧

- 介護福祉士
- 介護職員初任者研修
- 介護職員実務者研修
- 介護支援専門員
- 社会福祉士
- 精神保健福祉士
- 福祉用具専門相談員
- 正看護師
- 准看護師
- 保健師
- 管理栄養士
- 理学療法士
- 作業療法士
- 言語聴覚士
- 柔道整復師
- あん摩マッサージ指圧師
- 医師
- その他

これを、都道府県や各市町村の福祉指導課の職員が、おおよそ2~3年に1回の頻度で介護事業所を訪問して、適正に運営されているかどうか指導監査します。

指導監査は、職員の履歴書や資格書、労働者名簿、労働条件通知書、出勤簿、タイムカード、辞令、健康診断書など、一人ひとりについて見ていきます。

もし違反が見つかった場合には、当該報酬について自主返還を求められ、悪質な場合は行政処分として40%相当の加算金を加えて、返還請求が行なわれます。

つまり介護業界の慢性的な人手不足は、介護事業そのものを継続できなくなるという点で、他の産業とは異なることが大きな特徴です。

1章の POINT

①これからの日本は急速に老齢化する

② 65 歳をきっかけにライフスタイルが大きく変わる

③未来のシニアマーケティングは消費に消極的なシニアにどうアプローチするかにある

④シニアの加齢現象は不可逆的なものと知る

⑤シニアの行動様式を変えない、こちらが変わる

⑥認知症は身近なものとして理解する

⑦介護ばかりがシニアビジネスではない

2章

シニアのお客様をもっと深く知ろう！

1 シニアの加齢現象を踏まえたマーケティング

シニアと呼ばれたくないが、シニア扱いされたい複雑な心情

おおよそ人には、若く見られたい欲求があります。シニアも同様で、年寄り扱いされたくない気持ちを持っています。ですからシニアといった言い方だけでなく、「お年寄り」「おじいちゃん・おばあちゃん」「高齢者」などの表現に対しても負のイメージがあるため、抵抗感があります。

しかしながら、例えば映画館で安く映画が見られるというシニア割や市営バスの高齢者無料乗車証のように、得になる場合には、必ずしも否定的に捉えているわけではありません。年齢がプラスに働く場合は歓迎するところが、とても現実的と言えます。

介護保険制度について見ると、介護保険を利用する場合には、必ず要介護認定を受けなければなりません。要介護認定とは、その人がどのくらい介護を必要とするかを判定するもので、認定の結果、要介護度が決まります。

具体的には、市区町村の職員や委託を受けた事業者のケアマネジャーなどの認定調査員が、シニアの自宅を訪問して、心身の状況などについてヒアリングをします。これにより、どのサービスをどれくらい利用できるかが変わってくるので、介護が必要な方にとっては、家で暮らすためには、なるべく要介護度が高いほうがいいということになります。

例えば、要介護度によっては介護ベッドを借りられなかったり、ヘルパーが毎日来なかったりと、受けられるサービスに違いが出てきます。

そうすると、シニアは認定調査員に対して要介護度が高くなるような認定を受けたくて、なるべく自分に有利になるように伝えるように思えます。しかし実際は、自立して歩けないのに歩けると言ったり、掃除・洗濯などの家事を一人でできないのにできると言ったり、自分は健康だと見栄を張るケースが結構あります。

こうした見栄をなぜ張るのか、ここがシニアを知るうえで大きなヒントになります。シニアは**他人には若く見て欲しい**という見栄がありながら、一方で、**年齢相応に扱って欲しい**というジレンマがあります。やはり身体年齢は正直だということです。

よくシニアを「若いですね」とほめればいいと勘違いしている若い人を見ますが、言葉ではほめても、シニアの実年齢に配慮して対応しないと、クレームになります。

同じことはリハビリでも言えます。介護施設や老人デイサービスなどで、シニアが積極的に運動機能の向上のために、機器や手すりを使った屈伸運動や腕の上下運動に励んでいる姿を見かけることがあります。大きな病気やけがをされたために、懸命のリハビリをしているシニアもいます。

このような姿を見ると、つい「お若いですね」と言いたくなるかもしれません。しかし、それは決してほめ言葉になるわけではありません。シニアの運動やリハビリは苦痛を伴うだけでなく、当事者にとっては本当によくなるのかどうか、不安がつきまとうものです。

しかも、よくなると言っても、若い人と違って病気にかかる前や受傷前の状態に戻るわけではありません。あくまで現状の範囲での運動機能の向上と低下予防を目的としたものです。ですから実態としては、あまり真剣にリハビリに取り組んでいるシニアは多くはないのです。

シニアのこのような姿勢を評価するのであれば、**運動機能の向上やリハビリに取り組む姿勢・過程を評価する**必要があります。

私自身がリハビリに懸命に取り組んでいるシニア同士の会話を実際に聞いたケースですが、シニアはどちらの病気やけがの大きさが相手を上回っているかで競っていました。自分のほうがしんどいのだと、リハビリを担当している先生にアピールしていたのです。

私はそれを見て、**シニアは自分が頑張っている姿を見せたい**のであって、若さを競っているのではないのだと感じました。

シニアにとって若さは取り戻せないものであり、年を取ることは当り前です。身体が年齢相応になるのも当然です。シニアは若さをアピールしているのではなく、年齢以上に元気であろうとしている姿を見て欲しいのです。

そのうえで、そうは言っても身体は正直なので、シニアの**実年齢に配慮した対応**が求められています。

シニアビジネスは2つの「やすさ」のビジネス

①開発者が陥りがちな「便利のワナ」

最近は、シニアの安否を部屋や物に設置したセンサーで確認し、インターネット回線を介して、親族やセキュリティ会社などの外部の人に連絡する「見守りサービス」がたくさん開発されています。

安価なものとしては、湯沸かしポットがあります。シニアがお湯を沸かすと、親族のスマートフォンに連絡がいくというものです。より高額なものとしては、部屋に赤外線センサーを設置し、シニアの動きを感知して、親族のスマートフォンに連絡がいくというシステムがあります。靴に小型のＧＰＳ発信機を取りつけて、所在地をスマートフォンで確認できるものもあります。

これらは非常に便利なのですが、あまり普及していません。一つの理由としては、インターネット回線を使うと、利用料が月々かかるので、それなりの負担になるからです。

しかし、もっと大きな理由としては、シニアの立場からすれば、監視されているようで非常に不快に感じられるからです。親族の立場としては、心配だからとシニアに勧めても、なかなか受け入れてもらえないのです。定期的に電話で安否確認してくれるほうが、遠方から監視されるより、喜ばれるという側面もあります。

矢野経済研究所の調べによると、独居高齢者における見守りサービスの利用状況は1・0％となっており、実態としてとても少ないのです。

開発者の立場からすると、便利だから売れるだろうと思って開発したのでしょうが、便利だからといって売れるわけではないのです。これが「便利のワナ」です。シニアに機能面で受け入れてもらえるかだけでなく、**感情面で受け入れてもらえるかどうか**を考えないといけません。

ある企業は、シニア向けのタブレット用のアプリケーションを開発していました。そのアプリケーションは、通信機能を利用して遠隔地のシニア同士でテレビ電話や対戦ゲームを行なうというものでした。シニア同士が交流することで生きがいにもなるとの思いで開発しました。チュートリアル（個別指導機能）やユーザーインターフェースを便利にしたから、シニアにも使えるだろうと考えていたのです。

しかし、あまりシニアに受け入れてもらえませんでした。理由としては、シニアは新しいものを覚えるのが苦手なだけでなく、商品を見ただけで「私には関係のないもの」と、手に取ることすら拒むほど機械に対してアレルギーのある方が多いからです。団塊の世代のシニアはそれほど抵抗感はないのですが、75歳くらいのシニアになると、タブレットPCやスマートフォンなどのモバイル端末に触るどころか、見るのも嫌という方が多いのです。

これはあくまで私の想像ですが、今から20年ほど前にウィンドウズ95が普及した頃は、現在75歳くらいのシニアは50歳前半の年齢でした。役職定年の時期と重なる頃で、職場でも仕事の第一線から外れる時期でもあります。

この頃にウィンドウズ95という黒船がやってきて、オフィスの一人に一台、パソコンが割り当てられるようになりました。この機械に対して若い世代との能力格差を痛感したのだと思います。そのため、この頃からパソコンに対してアレルギーがあって、この年代のシニアはタブレットやスマートフォンなどの新しいモバイル端末にも抵抗感があるのだと思います。

また、この年代のシニアにとっては、ワープロですら新しい技術です。若い頃はわら半紙に活版印刷が普及していた時代なので、隔世の感があるのです。

「便利のワナ」とは、開発者視点だけに陥ってしまい、**顧客視点という当たり前のことに気づかない**ことにより起こるのです。

②「やすさ」が決め手

シニアにとっては、便利であること、つまり**「使いやすさ」**も大事なのですが、それよりも**「買**

いやすさ」が大事になります。

テレビやコマーシャルなどを通して商品の存在を知ることができるのか、歩いてお店に行って商品を手に取ることができるのか、商品パッケージの裏面を読んでどのように使うのかがわかるのか、そのような購入に至るまでの過程を踏まえる必要があります。

つまり、**シニアは「使ってくれない」のではなくて「買ってくれない」**のです。このことをわからずに、いくらシニアに使いやすい商品・サービスを開発しても売れないのです。商品を買ってもらうためには、シニアの身体的・精神的な加齢現象を踏まえて、**「買いやすい」環境をつくらなければなりません**。

例えば、商品パッケージが見やすいか、店舗内で手に取りやすい場所に置いてあるか、店員がシニアに親身に接しているか、といったことまで考えておかないと、せっかくいいものをつくったとしてもシニアには売れないのです。

この点、介護サービスの利用でも同様のことが言えます。介護サービスの利用にあたっては、シニアとの間で、十数ページの重要事項説明書と契約書、個人情報利用同意書など様々な書類の説明と署名が必要とされています。あまりにも量が多いのと専門用語が多いので、ほとんどのシニアは真面目に聞いてくれず、理解してくれません。

簡易な様式にすればよいと思うのですが、厚生労働省の通知によると、視覚障害者に配慮して、「点字版、拡大文字版、テープ版などのいずれかを準備する必要がある」としているくらいで、それ以外の様式を原則として認めません。したがって、多くは家族や後見人などが対応することになります。これはむしろ、シニアの自己決定権を制限しているように思えます。

このように、商品やサービスが、シニアが直に手に取って見てわかるように、**シニア目線でつくられていないと、シニアは欲しいとは判断できない**のです。

例えば、宅配サービスの契約でも同じです。宅配サービスはとても便利なのですが、利用にあたって必要となる申込書や約款が小さな字で書かれていて、読みにくいうえ、どこに必要なことを書けばよいのか、とてもわかりにくくなっています。こうなると、契約すること自体が苦痛になるので、宅配サービスそのものが不便なものと思われてしまうのです。

もっとも、「買いやすさ」だけを考えればよいわけではありません。シニアは年を重ねると、やはり便利な商品を使いたいというニーズが少なからずあるからです。したがって、「使いやすさ」と「買いやすさ」は不可分なものとして、商品の企画段階から両方のことを考えておかなければなりません。

シニアビジネスは、「使いやすさ」と「買いやすさ」を合わせた、2つの「やすさ」のビジネスなのです。

2 これからのシニア市場の4つの特徴

［特徴1］シニアのひとくくりにできない多様性

厚生労働省によると、2017年9月時点で100歳以上の高齢者が全国に6万7824人おり、日本国内の最高齢の方は117歳です。

また、2016年の簡易生命表によると、65歳時点の平均余命は男性の場合19・55年、女性の場合は24・38年になっています。平均余命とは、ある年齢の人がその後何年生きられるかという期待値を言います。

このように日本は長寿大国であり、シニアと言っても年齢の幅があるので、65歳以上とひとくくりで見ることは適当ではありません。

とくに戦前に生まれた世代と、戦後に生まれた世代では大きなギャップがあります。団塊の世代以降は、コカ・コーラを飲み、ロックを聞くなどアメリカ文化の影響を受けて育った世代なの

主な年齢の平均余命

年齢	男性	女性
0　歳	80.98	87.14
5	76.20	82.37
10	71.23	77.39
15	66.26	72.42
20	61.34	67.46
25	56.49	62.53
30	51.63	57.61
35	46.78	52.69
40	41.96	47.82
45	37.20	42.98
50	32.54	38.21
55	28.02	33.53
60	23.67	28.91
65	19.55	24.38
70	15.72	19.98
75	12.14	15.76
80	8.92	11.82
85	6.27	8.39
90	4.28	5.62

（単位：年）

（出典：厚生労働省「平成28年簡易生命表」）

で、戦前の軍国主義の影響下で育った世代とは、生活様式が大きく異なります。新しい情報に対する感度も高く、自分なりの価値観を持った意欲的な世代です。

このように見ると、シニアはみな演歌が好きというのは偏見で、ビートルズやカーペンターズなどの洋楽が好きな人もいれば、最新のＪ－ＰＯＰやＫ－ＰＯＰを聞いている人もいます。音楽だけでなく、食事や運動・レジャーなど生活全般について、シニアにはひとくくりにできない多様性があります。

日本の文化に団塊の世代が与えたインパクトはとても大きいものがあります。日本の経済発展のためにもっとも働いた世代であり、もっとも消費した世代でもあります。若い頃は消費のトレンドを担い、40代を過ぎる頃から人生でもっとも大きい支出とされる、家・保険・車を買い、子育てのためにお金を使った世代です。

団塊の世代が、働かなくてもよくなったことで、シニア市場はより多様化することになりました。団塊の世代は、インターネットを介して情報を収集し、アマゾンや楽天で値段を比較して安いところで購入したり、「ぐるなび」や「食べログ」で評判のよいお店を見つけて食事をしたり、フェイスブックやツイッターといったSNSを活用している、情報の活用に優れた世代です。

また、スマートフォンやタブレットなどのデジタル・デバイスの活用では、若者と比べては不得手であったりもしますが、自分たちの子供や孫との交流を通して学んでいることもあって、必ずしもハンディキャップとはなっていません。

このような**団塊の世代がシニア市場をリードする**ことで、これからのシニア市場はさらに多様化します。もっとも、新しい消費のトレンドをつくるのは、シニア世代ではなく非シニア世代です。あくまで団塊の世代は、**今までに自分たちがつくった消費のトレンドを持ち込むに過ぎない**ことに留意する必要があります。

[特徴2]シニアは物を持っている。時間もたくさん持っている

総務省による住宅・土地統計調査（2013年）によると、65歳以上の人が世帯主の持ち家率

は約8割を超えます。平均的な持ち家率は約6割なので、シニアは大きな財産を持っていると言えます。

一般的に多くのサラリーマンは、40代になって家を購入すると言われています。その際、大半の人はローンを組み、20年から30年かけて支払いを済ませます。その間にシニアはローンを完済するので、実質的にも家の所有者になります。

ところでシニアは、退職するまでに働くことで収入を得て、旺盛な消費をしてきました。家だけでなく、金融商品、電化製品、家具、車など様々な物を所有しています。また子育てのための養育費、学費など大きな支出をしてきました。

現役時代には大きなローンを組み、負債超過の状態でしたが、退職するまでに可能な限り返済し、大半のシニアは退職時には資産超過となります。

この点が、非シニア層と大きく異なるところです。欲しい物が少なく、**消費意欲が非シニア層と比べてそれほど大きくない**ことが違いになります。

それだけでなく、シニアは退職すると、たくさんの時間を持つようになります。第二の人生の過ごし方として、旅行や学習などの無形のサービスに関心が向いたとしても、それだけで過ごせるわけではありません。必然的に家にいる時間が増えます。

ですからシニアにとっては、**家の中での日常的な生活の時間をいかに過ごすか**ということが大事になります。家で食べる食事であったり、お風呂であったり、ペットの散歩であったり、テレビの番組であったり、日用雑貨の買い物であったり、といったことに関心が向きます。

これに対して非シニア層は、現役世代として働いているので、自由にできる時間は少なく、家にいる時間も少なくなりがちです。そのため非シニア層は趣味であったり、スポーツであったり、自己啓発であったり、非日常的な時間の過ごし方に関心が高くなります。

つまり、シニアは「物は持っている、時間はもっと持っている」という点が、非シニア層との大きな違いであり、日常的な生活の時間の過ごし方への関心が高くなります。

［特徴3］97歳のシニアの老後の実際

総務省によると、二人以上の世帯のうち、世帯主が65歳以上の1世帯あたり貯蓄現在高（通貨性預貯金、定期性預貯金、有価証券、生命保険など）は２０００万円を超えており、この点を捉えてシニア層はお金持ちだと考える人もいます。

しかし、すべてのシニア層が資産家だというわけではなく、資産状況も幅広く分布しています。

また、資産があるからといって、シニアが消費に意欲的とは限りません。ある介護施設に入所している97歳のシニアの例です。

貯蓄現在高階級別世帯分布

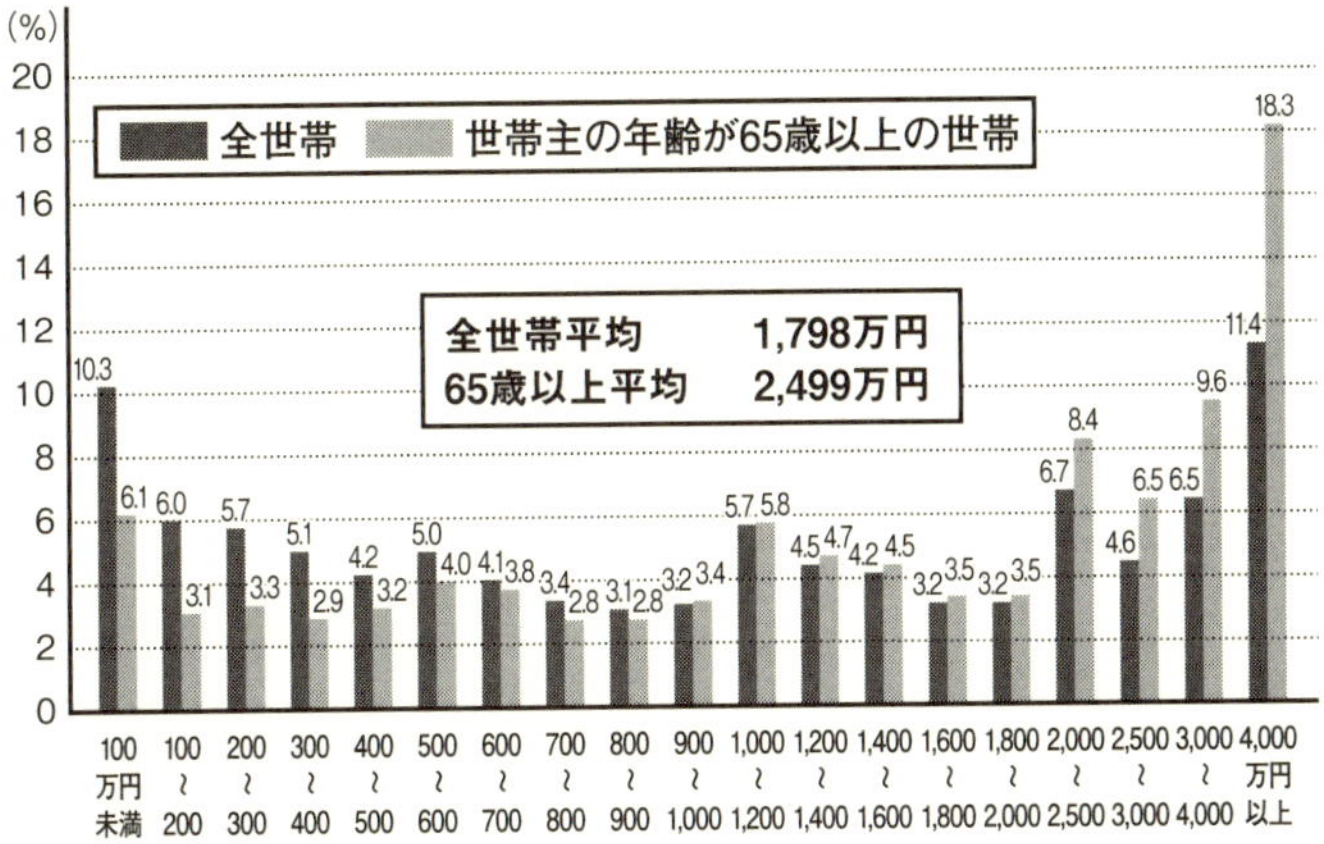

（資料：総務省「家計調査（二人以上の世帯）」（平成26年））
（注1）単身世帯は対象外
（注2）ゆうちょ銀行、郵便貯金・簡易生命保険管理機構（旧日本郵政公社）、銀行、その他の金融機関への預貯金、積立型生命保険などの掛金、株式・債券・投資信託・金銭信託などの有価証券と社内預金などの金融機関外への貯蓄の合計

介護施設に入所する場合、毎月の年金だけでなく、生活保護を受けているなどの事情がある場合を除くと、貯金を取り崩したり、親族からの支援を受けたりすることで、不足している分を補わないと、入居費用を捻出できません。このシニアの場合は、数千万円の貯蓄がありました。

この97歳のシニアの被服が古くなってきたので、施設の生活相談員は、シニアに新しく買うようにと勧めました。

生活相談員「このジャケット、古くなって穴が開いてきましたよ。新しいのを買われたらどうですか」

97歳のシニア「いや、まだまだ着られるから、もったいないです」

生活相談員「冬も近いですし、新しいものを買われたほうが暖かくていいですよ」

97歳のシニア「いや、節約しないと。わしも老後があるからの」
生活相談員「……」

生活相談員からしたら、「今があなたの老後じゃないですか」と思うわけですが、とても返事をするのが難しい会話です。

しかし、シニアにとって老後かどうかとは別に、平均余命が伸びているので、この先どれくらいお金が必要になるのかはなかなか実感しにくいですし、不安に感じるのでしょう。したがって、どうしてもお金を使うことにシビアにならざるを得ません。

貯金を使う場合は、とくに長年貯蓄したものを取り崩すということで、抵抗感が強いのです。このようなことは、資産が数億円あるシニアでもあります。

シニアの消費意欲はそのため、私自身の感覚ですが、**現役時代よりもずっと低い**のではないかと思います。厚生労働省によると、高齢者世帯の所得の70％は公的年金・恩給で賄われています。老齢厚生年金の平均支給月額は、平成28年度末時点で14万５６３８円（男性16万６８６３円、女性10万２７０８円）と決して多くはないのです。

また総務省によると、高齢夫婦無職世帯（夫65歳以上、妻60歳以上の夫婦のみ）について見ると、実収入20万９１９８円、可処分所得18万９５８円となっているのに対し、消費支出は

高齢者世帯の所得

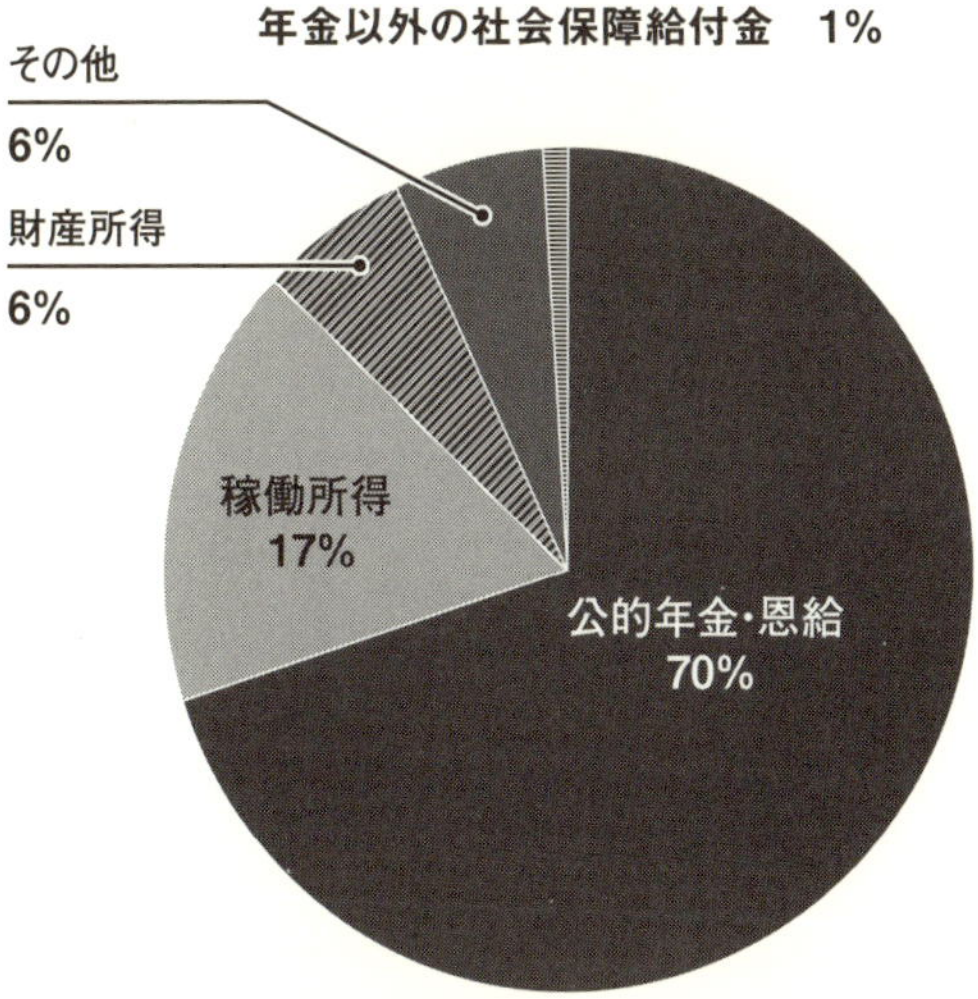

（資料：厚生労働省「国民生活基礎調査（2010年）」）

23万5477円となっており、不足分の5万4519円は金融資産の取り崩しなどで賄われています。

こうしたデータを見ると、シニアの消費行動はシビアな生活実態と合っています。

もう一つ、他のシニアの事例を紹介しましょう。独り暮らしの68歳の方の例です。

大手製造業で定年まで勤めあげ、退職金も無駄遣いせず、貯金も大分ありました。自己所有の築20年の戸建に住み、ローンも完済していました。

また、年金も厚生年金と企業年金を合わせ、十分に支給を受けており、独り身としては何不自由なく生活できる方でした。

ところが、そのシニアは身寄りがなく、私が知り合ったときには、主治医からガンで余

高齢夫婦無職世帯の家計収支（2017年）

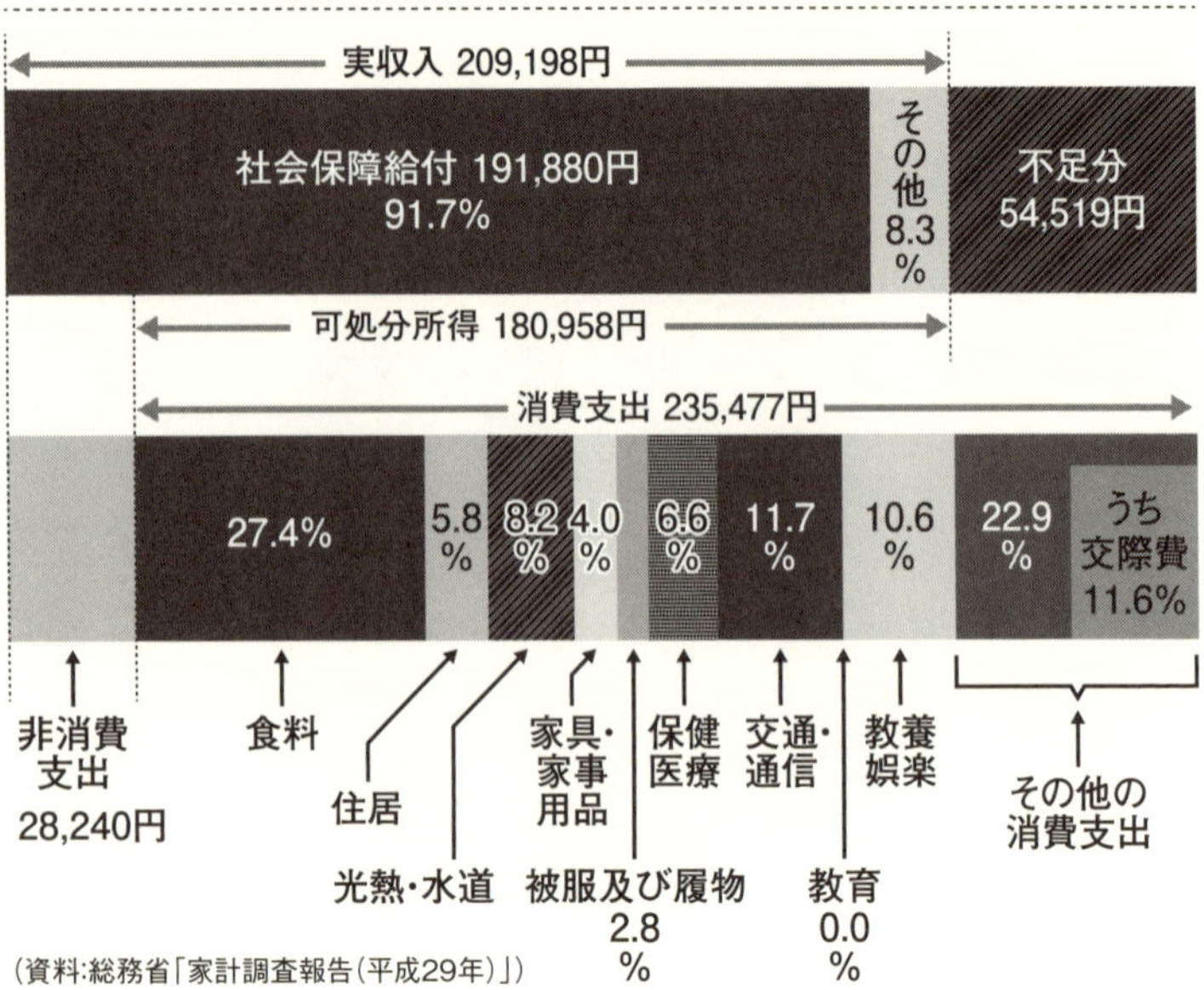

（資料：総務省「家計調査報告（平成29年）」）

命数ヵ月と言われていました。しかし、そのシニアは自分の死期が近いことを受け入れることができなかったので、まったく自分の死後の準備をしていませんでした。

そして、数ヵ月後に病院で亡くなられたときは、身の回りの現金は十数万円だけでした。銀行の口座は本人の死後、凍結されますし、自宅などの財産は家庭裁判所による手続をへて、相続人が現われなければ国庫に帰属することになります。したがって病院やツケの支払いはすべて、手間が掛かることを避けて、残された現金である十数万円で処理しなければなりませんでした。

生前にそのシニアは、先祖代々のお墓に入りたいと周囲の人に話していました。ところが、永代供養料だけで数百万円はかかります。相続人が現われなければ何もできません。そのためシニアは、市の費用負担によって火葬となりました。葬儀は行なわれませんでした。その後5年間、引取人が現われなければ無縁仏となります。

残念ながら私は、そのシニアの相続人が現われたとの話をまだ聞いていません。

確かにこの事例はとても珍しいケースです。自分の死に向けて準備するというのは、誰にとっても難しいことです。昨今の医療の進歩にともない、延命治療も発達している現状からすると、シニアにとってはなおさら難しいことだと思います。

シニアの老後はいつ終わるかわからないため、シニアの消費はシビアになるのです。

[特徴4] 知って欲しいシニアの交通事情

①車社会とシニア

シニアにとって、車は大きな役割をはたします。日常の自宅での掃除、洗濯、料理といった生活のためには、買い物をするためにスーパーやコンビニなどへの移動手段が不可欠です。

車を使わずに買い物ができる範囲となると、徒歩で10分から15分くらいが通常の行動範囲ではないかと思います。最近では郊外型の大型店が主流となり、商店街の身近なお店が減っています。

そこで、ますます車の需要が増えています。

しかし最近では、２０１７年3月に道路交通法が改正され、シニアの運転免許の更新が厳しくなりました。75歳以上のシニアについては、事前の認知機能検査や講習の強化が行なわれ、状況によっては医師の診断が義務づけられるようになりました。

それだけでなく、免許の更新時に免許証の自主返納を勧められることも多くなったようです。しかし、シニアにとって免許証の自主返納は、生活自体が成り立たなくなる可能性もあって、なかなか進まないのだと思います。

ところで、私の知人の家族に脳梗塞を患われた男性のシニアがいます。まだ60代後半の方で脳梗塞も軽い症状だったらしく、ときどき電柱などに車をぶつけながらも運転をつづけています。杖を持たずに歩くと転倒されるような状態の方です。

家族はそのシニアに運転をやめるように強く説得しているのですが、シニアは頑として聞き入れません。運転ができないと不便だからという理由もありますが、このシニアは、**運転が上手であることを誇りに思っている**という理由もあります。

結局、このシニアについては昔からの友人に説得してもらい、運転をやめてもらうことになりました。シニアに、本人にとって本意でないことを誰が伝えても、シニアは腹を立てます。家族のような身近な人が言うとなおさらです。そこで、第三者である友人に間に入って諭してもらうことで、シニアに運転をやめてもらうことができました。

なお、70歳以上のシニアの場合には、四つ葉マークを車両に表示する義務があるのですが、こ

男女別運転免許保有者数と年齢層別保有者層

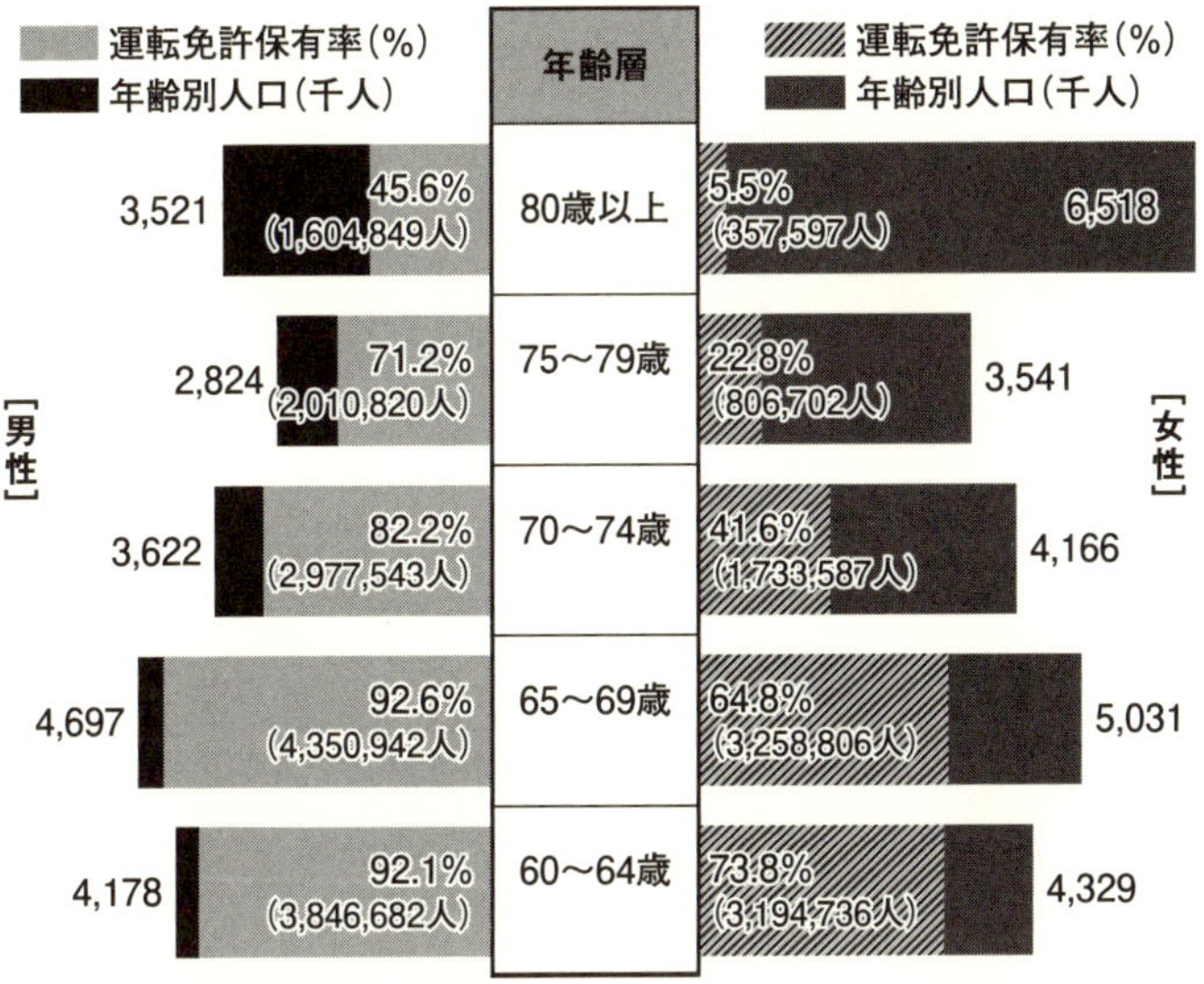

（出典:内閣府「平成28年交通安全白書」から作成）

れはあくまで努力義務に過ぎないので、嫌がってつけないシニアは意外に多いものです。運転免許証の自主返納が進まない背景には、シニアなりの誇りがあるのだと思います。

男性のシニアに限ると、65歳から69歳までの免許保有率は92・6%、70歳から74歳までは82・2%、75歳から79歳までは71・2%、80歳以上で45・6%となっています。男性シニアの運転は、今後も減少することはないように思います。

いずれにせよ、これからのシニア市場は、シニアが長寿になればなるほど、移動手段は限られ、不便になっていくのです。したがって、**シニア向け商品・サービスの商圏も狭くなる**と考えるべきです。

②車の逆走はなぜ起こるのか

シニアは交通事故にあいやすいものです。俊敏性が衰えていて足元がふらつくといった理由もありますが、視力や聴力の衰えにより危険回避能力が下がっていることにもよります。

シニアが自転車に乗っていると、道路の真ん中を走行していたり、突然、道路を横切ったりと、車の運転者にとっては危険な行動を取ることがあります。これは加齢現象にともなって平衡感覚が衰えていたり、周囲への注意力が衰えていたり、視覚機能の低下によって看板や標識などを見落としていたりすることによります。

ところで最近のニュースでは、反対にシニアが事故を起こすケースをよく見ます。高速道路を逆走するようなケースです。これはなぜ起こるのでしょうか。

私の体験事例です。認知症のシニアと十字路を一緒に歩いていたときのことです。目の前の歩行者信号機が赤を表示していたので、私は横断歩道の前で立ち止まりました。ところが認知症のシニアは、赤信号でも渡ろうとしました。私はその方に赤信号なので危ないことを伝えました。ところが、そのシニアは青信号だと言い張り、一切譲りませんでした。

私はそのときはわからなかったのですが、後日わかったことがあります。そのシニアは、対角線上にある歩行者信号機を見て、青信号だと判断したのです。つまり、歩行者信号機の色の意味はわかっていても、どの信号機に従うのか判別する能力が衰えていたのです。

これは、ある認知症専門の医師から聞いたことなのですが、認知症を患っているシニアの場合、自分の周囲の状況を知ることはできていても、**情報の取捨選択が難しい**ことが特徴なのだそうです。

例えば、非シニア層が散歩をする場合、道のどこの角を曲がれば何があって、その先の道を進むと何があるのかわかっていて、建物やお店など様々な目印を頼りに移動します。しかし認知症のシニアの場合、その情報の取捨選択ができないため、道に迷ってしまいます。人によっては、自宅のトイレのなかで、どこがドアだかわからなくなることもあります。

もっとも、認知症を患っていない場合でも、シニアは加齢現象によって見当識と言われる、時間や場所、周囲の人や状況などを正しく把握する機能が低下することもあります。

これが、シニアが運転手となって高速道路を走行するケースの場合、高速道路の進行方向がわからなくなり、逆走することが起こるのです。同じようなケースとして、十字路の交差点を右折するときに、右折先で対向車線を走ろうとすることがあります。これは、どちらの車線が進行方向の車線なのか判断がつかないからです。つまり的確な状況判断ができない結果、起こる事故が多いのです。

なお最近の車は、カメラやレーダーセンサーを利用した自動ブレーキが装備されるようになりました。自動運転も徐々に実用化されていきます。自動車メーカーにより、このような装置が開発される背景には、シニアの運転事情があるのです。

2章の POINT

①シニアに対しては「若い」とほめつつも、年相応に対応する

②シニアビジネスは、「使いやすい」「買いやすい」の2つの「やすさ」のビジネス

③シニアにはひとくくりにできない多様性がある

④シニアは物を持っている。時間はもっと持っている

⑤シニアの老後はいつ終わるかわからないから、消費にはシビアである

⑥シニアは車移動から徒歩に変わると、商圏が一気に狭くなる

3章

シニアに売れる商品・サービスづくり

1 シニアで繁盛する飲食店のコツ

シニアに人気の〝まずい〟スパゲティ

①味覚の変化と生活環境の影響

シニアの味覚を知るうえで大切なことが二つあります。

一つ目は加齢による味覚の変化です。人は年齢を重ねると、舌にある味覚を感じる細胞である味蕾《みらい》の新陳代謝が衰えます。味蕾は古くなると味を感じにくくなります。若い頃と比べて、シニアは塩味・苦味・うまみ・酸味・甘味の順に鈍くなります。

シニアによっては何にでも醤油やソースをかけるのは、塩味を感じる味覚がもっとも落ちるからという理由もあるようです。

二つ目は、今までの生活環境や時代背景によるものです。

若い頃を1とした場合、高齢者は何倍の味が必要か

甘味	2.7倍
酸味	4.3倍
うまみ	5倍
苦味	7倍
塩味	11.6倍

（出典：平松類『図解　老人の取扱説明書』SBクリエイティブ、2018年）

これは私の体験した事例です。

ある喫茶店では、ランチメニューにスパゲティを数種から選ぶというものがあります。とてもシニアに人気のメニューです。店主のお勧めとメニューに書いてあったので、私も早速注文しました。ところが食べると、スパゲティはフニャフニャでまったくおいしくなかったのです。

これがどうしてシニアに人気なのか、と私は思いました。私の感覚では、どのスパゲティ専門店に行っても、アルデンテ（固ゆでのイタリア語）が当たり前です。

しかし、シニアが若かった頃はフニャフニャのスパゲティが普通でした。シニアにとっておいしいスパゲティとは、昔から食べていた、あのフニャフニャなスパゲティだったわけです。ケチャップとソースで味つけをした具のないナポリタンで、お弁当の副菜としてついているトマトソース味のスパゲティです。

若い頃に形成された味覚は、成長してからもなかなか変わりません。シニア層は伸びきった麺のほうが好きな方も多いのです。同じことは、うどんについても言えます。

冷凍うどんのようにコシがあるツルツルとしたうどんには、小麦粉にタピオカ粉などが混ざっています。昔ながらのうどんは小麦粉だけでつくられているので、シニアにはコシのあるツルツル感が好みではないという方が多くいます。

この事例は、「お客様のことはお客様がもっともよく知っている」という当たり前のことを再認識させられた、私にとってもよい学びとなりました。

シニア層でも非シニア層でも、慣れ親しんだ、昔ながらの味覚や食感のほうがおいしいと感じます。シニアマーケティングにおいては、自分の感性はあてにはならず、**シニア層が若かった頃の時代背景に配慮した商品づくり**が欠かせません。

②90歳のシニアに人気の魔法の調味料

医療や介護の現場では、口腔ケアを行なうことが推奨されます。口腔ケアとは、歯磨きやうがいなどで口腔内を清潔に保つこと、口を動かす力や嚙む力の維持・回復を目的とした運動をすること、入れ歯の手入れをすることなどです。

シニアにとって、口の健康を保つことは健康寿命を延ばすことにつながります。シニアは、嗅覚が衰えているので、自分の口臭に気づきにくくなるので、定期的な口腔ケアが必要です。

口は、「食べる」「話す」「呼吸をする」「感情を表現する」など様々な機能があります。口腔機能が下がると、「食べ物が噛めない」「食べ物を飲み込めない」「滑舌が悪くなる」「頬を持ち上げて笑顔をつくれなくなる」「誤嚥性肺炎が起きやすくなる」といった影響があります。

誤嚥性肺炎とは、飲み込む力が衰えることや「空気は肺へ」の判別精度が落ちることで、唾液や食べ物、胃液などと一緒に細菌が気道に誤って入ることにより発症します。

口の中は細菌が繁殖しやすい環境なので、唾液の分泌により細菌を取り除く必要があるのですが、シニアの場合は、口腔内が舌・頬・のどの筋力の低下により乾燥しやすく、より細菌が繁殖しやすいのです。

このように、シニアは誤嚥性肺炎が起きやすいのです。一説では、肺炎（日本人の死亡原因の3位）のうち、80歳代の約80％、90歳代の90％は誤嚥性肺炎が原因で亡くなっていると言われています。

シニアが口腔機能を維持するためには、**とにかく食べてもらうことが大切**です。口から食事を取ることにより唾液が分泌されるので、虫歯や口臭、誤嚥性肺炎を予防できるからです。

在宅介護の、ある90歳のシニアの食事では、煮物や煮付けにガムシロップを垂らして提供しています。健康面を考慮してバランスのよい食事を提供することも大事なのですが、シニアが食べてくれなければ意味がないので、**おいしいと思って食べてくれる食事**を提供しているのです。味覚が鈍くなったシニアには、ガムシロップは魔法の調味料になります。

よく非シニア層は、シニアが健康志向であると決めつけて、シニア向けに魚や野菜中心のバランスのよい健康的な食事を提案します。しかし、シニアは魚や野菜ばかりでなく、肉もとても好きで、また味付けの濃いファストフードも好きだったりします。

シニアも**食べることに生きがいを感じています**。あまり健康面ばかりからシニアに訴求しようとするのは適切ではないのです。

また、シニアは痩せていることを否定的に思う人が多いものです。これは、年を取れば取るほど痩せている人が増えるので、死を連想させるからだと思います。

なお医療や介護の現場では、栄養面ばかりに気を配った食事が提供されることが多いのです。理由としてはシニアの体重のコントロールにより、介助者が介助しやすくなるといった、介護する側の都合が優先されている実態もあります。

こういったところも、**非シニア層が、シニアは健康志向の食事を好むという誤解**を招いている要因かもしれません。

シニアの時間の流れ方

①狙うは女性シニア客

シニアはお金に対してシビアですが、時間は余っています。なので**お金をかけない消費が好き**

です。そこで昼過ぎの時間帯になると、飲食店ではシニアが長時間滞在することもあります。たくさん注文してくれればお店としては助かるのですが、そうでない場合はお店にとっては好ましくありません。ですから、いかにお金を使ってもらえるのか、工夫する必要があります。

ある喫茶店の事例です。その喫茶店は駅近に立地しており、周囲も高齢化が進んでいる閑静な住宅地でした。ターゲットになるシニア層も多く、有望な市場でした。

ところが、男性のシニアがコーヒー1杯で4人テーブルを1人で占領するなど、閑古鳥が鳴いている状態でした。コーヒーの値段が400円だったことや喫煙できたことで、男性シニアにとっては居心地のよい喫茶店でした。

店主としては店舗から50m以内に競合する大手チェーンのコーヒー店があったので、どうしても大手チェーンのコーヒーの値段と同じ価格帯にしたかったのです。

しかしこのままでは経営が行き詰まることは目に見えていたので、店主はオシャレな喫茶店に変えようと考え直しました。

まずは、コーヒーなどの飲物単品の値段を600円からにしました。また、ランチメニューも800円からとし、オプションでケーキセット500円（通常700円）をつけられるようにしました。顧客ターゲットを女性のシニアのグループに絞って、メニューを変えたのです。

店主は優秀な調理師でもあったので、ケーキやランチを素材にこだわった手づくりのものを提

新装喫茶店の新メニュー表

旧メニュー表	新メニュー表
● 飲物……400円から	● 飲物……600円から
● ランチ……600円から	● ランチ……800円から +500円でケーキセット
● ケーキセット……700円	● ケーキセット……700円

供することにし、メニューを一新しました。

その結果、コーヒーなどの飲物単品はランチメニューと比べて割高なので、お客様はランチメニューを選ぶようになりました。ついでにお得なケーキセットを頼みます。すると、一人で来るよりもグループで来るのに適したお店になります。客単価の低い単独客の男性のシニアには大手チェーン店を利用してもらうことで、棲み分けに成功したのです。もちろん、ランチタイム時は禁煙にしました。

この方針転換で、喫茶店の業績は回復しました。大手チェーン店に対抗して回転率を上げようとしていたのを、**回転率を下げても客単価を上げる**ことで増収を実現したわけです。もともと人手が少なかったので、店主としては願ったりかなったりでした。

女性のシニアは複数で来店することが多いものです。知人やご主人を連れてくるので、飲食店にとってランチタイム時には有望な顧客になります。また、女性のシニアはヘルシーな食事や甘い物が好きなので、客単価も増え、有効なターゲットです。

② 時間は余っていてもせっかち

シニアは年金生活に入ると、仕事に追われることもなければ、子育てに追われることもなくなるので、悠々自適に生活できるようになります。すると、行列のできる飲食店の前で並ぶことや注文してから食事が出てくるまでの時間を待つことも、あまり苦にしなくなるようにも思えます。しかし、実際は待つことが嫌で、時間にはうるさいようです。とにかく**待てない性分のシニアが多い**のです。

その一つの理由としては、飲食店の前に立って待つのはとても疲れるので、身体が丈夫ではないシニアにとっては、とてもしんどいと感じられることがあります。

二つ目の理由としては、待つこと自体が嫌で、待たされると怒り出す人もいます。シニアは暇を持て余している分、待つ時間もたくさんあるので、他のことで時間を潰すこともなく、約束の時間になるまで過ごすことができます。しかし、今か今かと待ちわびている状態が続くことで、ますますせっかちになるのです。この傾向は多趣味のシニアにはあまり見られず、仕事一筋であったシニアほど多く見られます。

では、このようにせっかちなシニアにはどう対応すべきなのでしょうか。方法としては、**あらかじめ待ち時間が発生することを伝え、お店の前で待つか、待たずに他を利用することを選んでもらう**ことです。

また、シニアが待つことを選んだ場合でも、**待ち時間や現在の待ち人数を表示し、どれくらい待つのかを確認してもらう**ことです。このことにより、シニアの客観的な時間と主観的な時間の齟齬をなくし、待つことに納得してもらいます。もちろん、椅子やソファーなどを設置し、待ち時間をなるべく快適に過ごしてもらうようにします。

ただし、この待ち時間や待ち人数はお店に入るまでのことで、お店に入った後に、料理が出てくるのを待たされると怒り出すこともあるので、気をつけるべきです。

ところで、リハビリや入浴を行なう老人デイサービスや介護施設などでは、個別にサービスを提供するのですが、その順番にこだわるシニアはたくさんいます。

とくに男性の場合だと、一番にお風呂に入りたいと言って聞かない人や自分のほうが先にリハビリを受けるのだと強く主張する人もいます。

こういうケースでは、みな平等にということで、特別扱いはできない旨を伝えるのですが、これがなかなか受け入れてもらえないのです。介護職員にとっては大きな悩みとなっており、業務運営にしばしば支障をきたします。

そこで老人デイサービスの場合、一番風呂は提供できない代わりに、シニアが到着後すぐに入浴できるように手配することや、昼食後の一番にリハビリ・サービスを提供するといった対応をします。

このように、シニアにとって客観的な時間は長くても、いかに**主観的な待ち時間を感じさせないようにする**かが、シニア向けのお店の満足度を左右します。

2 シニア向け商品・サービスのつくり方

ハウスメーカーに同じ家を建てたいと依頼するシニア

①シニアのこだわりを知る

ある工務店にシニアの顧客から、建て替える前の家と同じ家を建てて欲しいという依頼がありました。息子夫婦と二世帯で暮らすために、新たに住宅を建て直すためです。

もちろん、住居建築の法規制も旧建物の建築時とは変わっているので、同じ建物というわけにはいきません。その工務店は結局、シニアの要望に応えることができず、受注を逃しました。

ところで、どうしてそのシニアは以前と同じ家を建てて欲しかったのでしょうか。

一つ目の理由としては、家には今まで過ごしてきた思い出があるので、建て替えによりその**思い出を捨て去りたくない**からです。

二つ目の理由としては、家に強い「こだわり」があるからです。家を建てるのは人生の大きな決断なので、細部にまでこだわって建てます。また長く住めば住むほど、家とその人のライフスタイルは結びつきが強くなるので、家はその人らしさを体現したものになります。プライベートな空間だからこそ、強いこだわりがあるのです。

三つ目の理由としては、シニアには、人生の最期を病院ではなく自宅で看取られたいというニーズがあります。ほとんどのシニアは病院の無機質な空間ではなく、**住み慣れた思い出のある自宅でゆったり過ごして最期を迎えたい**という、強いこだわりがあるのです。

この工務店が受注を逃した要因は、このシニアのこだわりに対する配慮ができなかったからです。同じ家を建てることは難しかったとしても、可能な限り**こだわりをニーズとして吸い上げる**ことができれば、受注できた可能性もあったわけです。

なお、持ち家のリフォーム需要が高まるのは、ちょうどシニアが定年の時期を迎えた頃になります。というのも、持ち家に住み始める時期が30～40代であり、外壁の塗装や水回りのリフォームは購入後20～30年たった、定年の前後になるからです。

また、近年は晩婚化が進んでいることもあって、子供が巣立つのがちょうど定年の時期と重なることも多く、今まで手狭だった家を、これからは自分のためにゆったりと過ごしたいとリフォームすることが多いのです。

株式会社矢野経済研究所の「2014年版　住宅リフォーム市場の展望と戦略」によれば、住

修繕・維持費の世帯主の年齢階級別平均支出額と年代別住宅リフォーム市場規模

世帯主の年齢階級	支出額（円）	市場規模（億円）
～29歳	15,783	1,277
30～39歳	43,358	5,352
40～49歳	51,820	6,670
50～59歳	100,268	12,268
60～69歳	167,282	22,616
70歳～	149,838	21,422
合計	ー	69,605

（出典：株式会社矢野経済研究所『2014年版　住宅リフォーム市場の展望と戦略』）

宅リフォーム市場の80・9％は50歳以上をターゲットとしており、市場規模も5兆6306億円と推計されています。60代以上に限ると、20代・30代の4～5倍はリフォーム費用を支出すると言われています。

②シニアの強いこだわり

シニアには、長い年月の間に培われた習慣があります。また、**慣れ親しんだ物や商品のほうが、新しいものを手にするより使いやすい**という先入観があります。

私の知っている事例ですが、あるシニアは特定の高級百貨店だけでしか買い物をしないというこだわりを持っていました。近所のコンビニエンスストアで同じものが買えたとしても、その百貨店で買うことを好み、コンビニエンスストアで購入したものは安物と言い、使おうとしません。

このシニアは、若い頃からその高級百貨店で買い物をすることがある種のステータスと思っており、年老いてからもずっとその百貨店でしか買わないという強いこだわりがありました。
このシニアはガイドヘルプ・サービスを利用していたのですが、いつも行くところはその高級百貨店でした。道中に同じ商品を扱うお店があっても、決して高級百貨店以外で買い物をしませんでした。

また、ある98歳のシニアは、30年間、毎朝パン1枚、牛乳、サラダ、バナナ半分の朝食を続けています。山崎製パンの「超芳醇」というパンがとてもお気に入りで、そのパン以外は受けつけません。私からすれば、パン屋のパンならともかく、コンビニエンスストアで売っている食パンに違いはほとんど感じられません。おそらくそのシニアも、味の違いはわからないと思います。でも、「超芳醇」がお気に入りなのです。

このような事例の方には、説得や否定をすることは逆効果で、こだわりを強めるだけです。**シニアの過去を知り、なぜこだわるようになったかを考え、欲求を満たすように努める**ことです。そうすることで本人は安心するので、割り切ってつき合うことです。

そして、シニアのこだわりを上手に引き出すことができれば、価格競争をすることなく、より高い商品を販売することができます。

もっとも、シニアのこだわりの他に、もう一つ配慮しなければならない点があります。**シニアと同居する親族のこだわり**です。シニアが認知症などを患っており、自分の意思を容易に表明できないケースです。多いのがシニアの子供が、シニアが健康だった頃を前提に、現在のシニアに合わない商品・サービスにこだわることです。

例えば、シニアが飲み込むことができない食べ物や着脱しにくい服をあえて買うようなケースです。健康だった頃と現在のギャップに悩み、現状を受け入れられないのです。

このようなケースでは、家族の意思が優先されやすい傾向があります。お店側としては、シニア本人の意思と家族の意思のいずれを優先すべきか悩むところですが、適切なアドバイスをしたうえで、**実際にお金を支払う人の決定**にしたがえば十分です。

シニアができること、できないこと

①シニアの残存能力を知る

シニアは加齢により、運動機能が低下して敏捷性や平衡感覚が衰え、転倒しやすくなります。また視力の低下により、ものが黄色味を帯びて見え、色の区別がつきにくく、サインやマークが見えにくくなります。それだけでなく、病気やけがなどによって心身に障害を負うこともあり、できることが徐々に少なくなっていきます。

そこで介護では、「できないこと」ばかりに目を向けるのではなく、心身に障害を持った人の**残された能力（残存能力）に着目して支援する**ことで、シニアの意欲を引き出していきます。なぜなら、一部の機能が低下しているだけでできないと決めつけてしまうと、「できないこと」が増えてしまい、結果として残存能力が低下するからです。残存能力が低下すると、シニアの生きがいがなくなります。

したがって、シニア向けの製品開発にあたっては、残存能力にも着目する必要があります。

例えば、尿失禁のあるシニアに一律に紙おむつを履かせるのではなく、尿漏れパンツなどの代用品を用意する必要があります。

一律に紙おむつを使用するのは、介助者の視点からすると、トイレに定期的に誘導したり、尿を漏らして被服やベッドを汚されるより、紙おむつを交換するほうが楽だからという理由があります。

また、歩行が困難な人を一律に車椅子に乗せるのではなく、杖や手押し車を利用してもらうことを考える必要があります。

しかしこれも介助者の視点からすると、車椅子を一律に利用するのは、歩行介助をするより楽で転倒の危険も少なく、また車椅子用のベルトで拘束すれば、椅子やベッドに移乗する必要がなく、見守る必要もなくなるという理由からです。

こうした介助者の視点による介護は論外ですが、今でもこのような遅れた介護をしている介護施設がまれにあります。介護する側がシニアの残存能力に目を向けないと、自分たちの都合で介護することになり、結果としてシニアのためにならないことが往々にあります

したがって、企業がシニア向けの商品を開発する際には、シニアの残存能力に十分に配慮する必要があります。利便性ばかりに着目すると、介助者の視点ばかりになり、お客様であるシニアに配慮しない商品になってしまいます。

②こだわりと残存能力

シニアの残存能力については、客観的な側面だけを捉えてはなりません。

脚の筋力と筋量が低下し、骨が脆くなり、実際に立位を取って歩くのは不可能な人であっても、自分の脚で歩けると信じている人もいます。このような人に「歩けませんよ」とはっきり伝えることは、本人が受容していない限り、本人の意欲を奪います。

したがって残存能力を踏まえて支援するうえでは、本人の意思を無視してはいけません。本人の生きる意欲を引き出すことが支援の目的にはあります。そして、**本人の意欲は「自分でやりたい」というこだわりとなって現われる**ことを理解する必要があります。

例えば、以前と同じ家を建てて欲しいと依頼するシニアは、年老いて動けなくなっても、この家で暮らしたいという意欲があり、「超芳醇」にこだわるシニアも、嚥下能力が下がっても食べたいという意思があります。

もっとも、シニアにこだわりが少なければ、残存能力を維持する手段が別にあるのであれば、とくに配慮する必要はありません。非シニア層で歩くのにまったく不自由のない人であっても、自転車や車、バス・電車・タクシーなどを利用します。健康を維持したいのであれば、ランニングやフィットネスをすればいいわけです。

エアコンにせよ、テレビにせよ、お風呂の湯沸かし器にせよ、ボタン一つで利用できるのであれば、空いた時間を有意義に使い、利便性を重視すべきです。

また、シニアの残存能力を維持することばかりを目的にすると、本人の意思に反することにもなります。今まで簡単にできたことができなくなったということが、ひしひしと伝わってしまい、がっかり感が激しくなるからです。したがって、シニアのこだわりが少なければ、残存能力に配慮する理由はなくなります。

これを、製品の開発について考えると、本人のこだわりが強くあるのであれば、残存能力を踏まえるのが好ましいのですが、そうでなければあえて残存能力に配慮する必要はありません。

ところで福祉用具は、シニアの残存能力にもっとも配慮した商品であるにもかかわらず、要介護者を除くと、あまり普及していません。シニアにとって福祉用具は、年老いた人が使うものという先入観が強く、**自分はまだまだ若いから必要ない**と思うからです。シニアにとって、若さはこだわりです。

福祉用具が普及しない理由はそれだけではありません。

実は、介護保険サービスのなかには「福祉用具貸与・販売」があります。一般的に福祉用具は、福祉用具販売事業所から借りたり、購入することになっているので、要介護者以外はインターネット通販が主流です。

まだまだ介護用品専門の実店舗は少ないのが現実です。そのため要介護者以外は、福祉用具を見慣れていないので、若さへのこだわりがシニアの強い拒否となって現われるのです。

このように、シニアの強いこだわりに配慮しないと、シニア向けの商品は売れないのです。

シニア向け製品開発のマトリクス

①商品分類による製品開発の方向性

シニア向けの製品開発をするうえでは、「商品へのこだわり」と「商品と残存能力との関連性」の二つの軸で考える必要があります。

「商品へのこだわり」は、シニアの主観的側面から見た場合に、**今までの商品と違うものがシニアに受け入れられるのか**という視点です。シニアのこだわりが強ければ、今ある商品に対しての思い入れが強く、変えにくいということになります。反対に、こだわりが弱ければ変えやすいということになります。

「商品と残存能力との関連性」は、シニアの客観的側面から見た場合に、**シニア向けに商品を**

つくってニーズがあるのかという視点です。残存能力との関連性が強ければ、シニア向けの商品を開発するニーズは強くあります。反対に、残存能力との関連性が弱ければ、シニア向け商品を開発するニーズは弱いということです。

つくり手が製品開発を発想する場合、とかく「商品と残存能力との関連性」が強調されがちです。そこで、つくり手はとにかく便利なものをつくれば売れるだろうと考え、シニアの「商品へのこだわり」に気づかずに、シニアの欲しくない商品をつくってしまいます。

この問題は、シニアを直に見ることなく、人口統計、経済統計などの**市場調査からシニア像を捉えることによって起きます。**

介護現場でも、ＡＩ（人工知能）やＩＯＴ（モノのインターネット）のような最先端技術を活用して、カメラやセンサーと介護ロボットをリアルタイムに連動させ、利用者のニーズを予測してグッドタイミングで介護サービスを提供することを可能にする製品開発が行なわれています。しかし、こうした製品は、現実の生のシニアが不在のまま開発されていることから、あまり導入が進んでいないのです。

例えば、自動排泄処理装置というものがあります。紙おむつと同じ要領で専用カバーを装着し、排便・排尿をセンサーが感知すると、寝たままの状態で専用のロボットが排泄物を自動で吸引し、局部の洗浄・乾燥までするというものです。

自動排泄処理装置

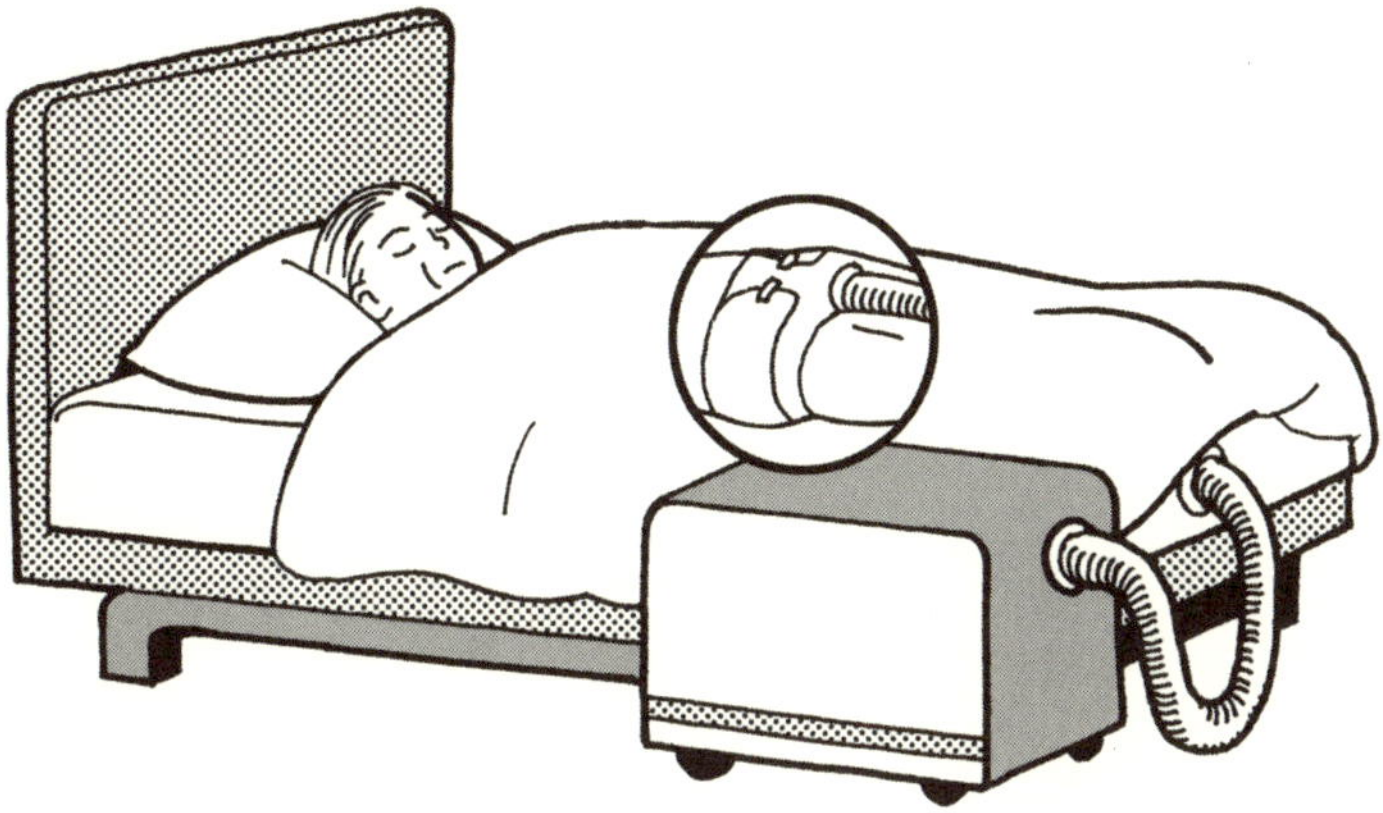

排尿・排泄はシニアの残存能力に大きく関わるものですから、このロボットはとても便利な商品です。

しかし、寝たきりのシニアであっても、このロボットを見て、積極的に使うことはほとんどありません。なぜなら、シニアにとって排尿・排泄は尊厳に関わる行為であり、座位を保った状態で洋式便器に座って行ないたいという、強いこだわりがあるからです。また寝かせきりの助長につながるので、介護現場でもあまり好まれません。

他方で、紙おむつについては、「漏れない」「蒸れない」「臭わない」高性能なものが誕生しており、今後も有望な成長市場と見込まれています。

しかし紙おむつでも、シニアにとって初めて利用する場合は抵抗感が強くあります。ましてや自動排泄処理装置ではなおさらです。介護現場で紙おむつを利用する場合でも、紙おむつはあくまで補助的なものであって、なるべくトイレで用を足すように支援します。

このように、シニア向けの製品開発にあたっては、「商品へのこだわり」と「商品と残存能力との関連性」の二つの軸で考える必要があります。

②商品の４分類の特性

シニア向けの製品開発は、「商品へのこだわり」と「商品と残存能力との関連性」の二つの軸により、次の四つに分類できます。もっとも、こだわりは人それぞれなので、あくまで一般的な分類になります。

現状型

シニアの「商品へのこだわり」が弱く、「商品と残存能力との関連性」が弱い商品群です。このような商品群は、シニアにとって最低限の機能が満たされれば十分です。

洗剤やトイレットペーパー、割り箸といった大量に消費し廃棄するもの、エアコンやテレビ、電化製品など、とりあえず動けばよいものなど、シニアにとって嗜好性が少なく、なるべく安ければよいとされる商品が該当します。生活家具や生活雑貨、生活家電など幅広い商品群がありま

商品分類による製品開発の方向性

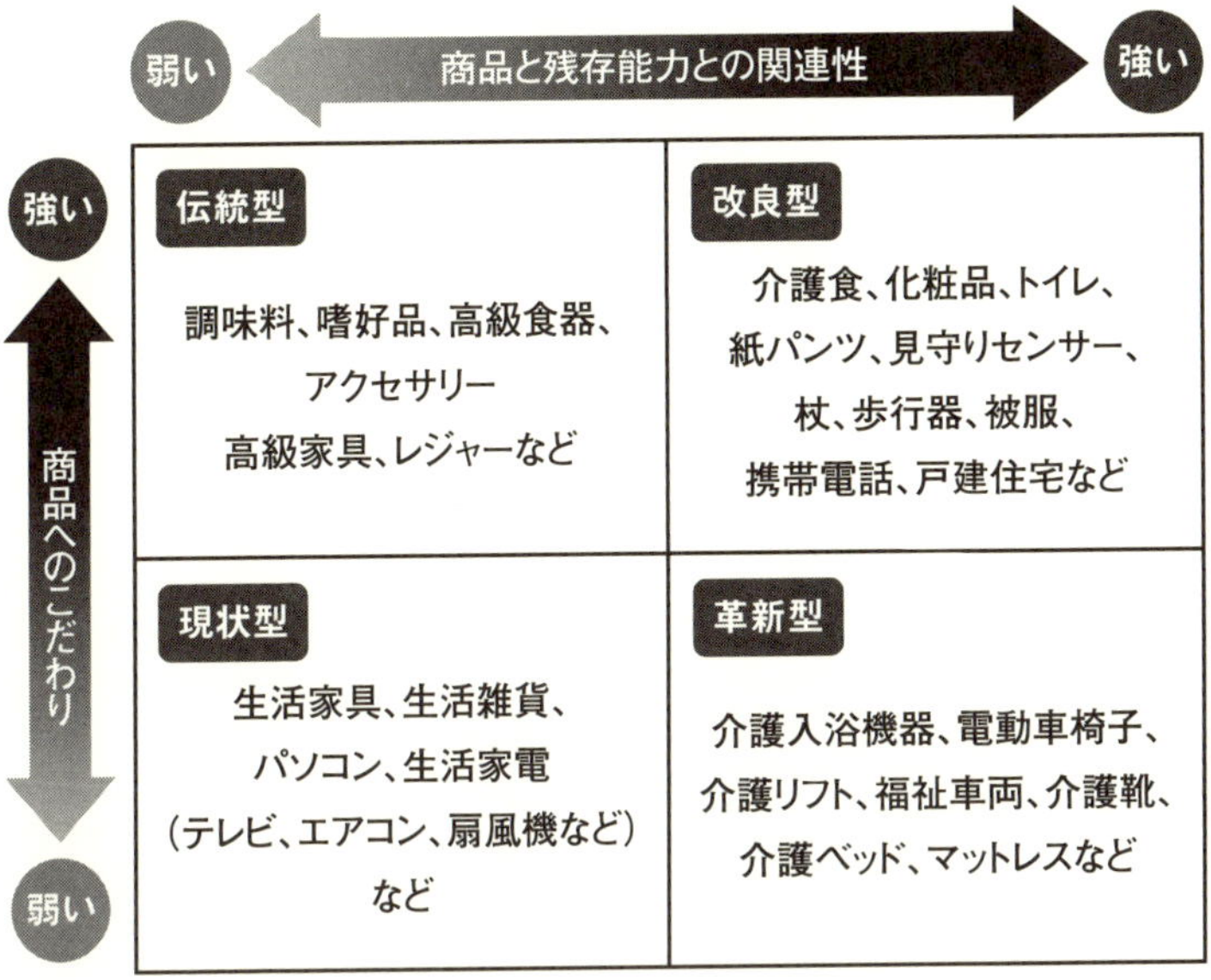

す。

現状型については、非シニア層との区別なく、シニアにとって必要とされる機能に絞って、合理化を進めることが望ましいでしょう。

伝統型

シニアの「商品へのこだわり」が強く、「商品と残存能力との関連性」が弱い商品群です。このような商品群は、シニアがこれと決めたものでなければ、受け入れられないものになります。

この商品群は、「昔から使っているお酢で食べたい」「好きなお酒やたばこを選びたい」「この産地の食器を使いたい」「この観光地に旅行したい」といったように、とても嗜好性が強く現われます。調味料、嗜好品、アクセサリー、高級食器、高級家具、レジャーといったものが代表的です。

とにかくシニアのこだわりが強いので、少々高くても手に入れたいという欲求があります。伝統型については、シニアが欲しいと思う商品を昔ながらの製法で、希少性・高付加価値化にこだわってつくる必要があります。

革新型

シニアの「商品へのこだわり」が弱く、「商品と残存能力との関連性」が強い商品群です。このような商品群は、介護が必要なシニアにとってニーズが満たされ、機能性が高ければ、どのようなものでもよいとされるものです。

介護入浴機器、電動車椅子、介護リフト、福祉車両、介護靴、介護ベッド、マットレスなどの福祉用具がこれに該当します。

現在売れている福祉用具などはバリエーションが少なく、売れ筋の商品はだいたい決まっています。なぜならシニア向けのニーズが明確であるのと、シニアは機能性を重視しているので、つくり手はとにかく便利なものを開発することが期待されているからです。

革新型は、従来の商品とは違ったもののほうが受け入れられやすいので、今後もヒット商品が生まれる可能性の高い市場です。

商品分類ごとの特性

型名	ニーズ	開発の方向性など	価格帯
現状型	非シニア層と同様のもので用が足りる	従来製品の機能の簡素化と重点化によるローコスト化	低価格
伝統型	昔から使っていたとおりのものが欲しい	昔ながらの製法にこだわる希少性、高付加価値化	高価格
革新型	従来のものと異なったものでもよい 機能性を重視する	機能性に優れたものがヒット商品になる 少品種大量生産によるコストダウン	中価格
改良型	身体的なハンディキャップを埋めてくれるものが欲しい 補完性を重視する	昔ながらのものを使いやすく改良する	中価格

改良型

シニアの「商品へのこだわり」が強く、「商品と残存能力との関連性」が強い商品群です。このような商品群は、シニアの価値観が強く現われ、自分が使いたいものになります。

介護食、化粧品、トイレ、紙パンツ、見守りセンサー、杖、歩行器、被服、携帯電話、戸建住宅などが該当し、シニアの手に触れるものになります。

このような商品はシニアが使うので、見慣れたものであり、かつ残存能力を補完してくれるものが好ましくなります。そのため改良型は、シニア向けの製品開発のニーズが高い半面、従来商品の延長線上にあるものが望まれます。

3章の POINT

①シニアは昔ながらの味が好き

②シニアだからといって健康志向の食事が好きとは限らない

③女性のシニアは有望なお客様である

④シニアの客観的な時間と主観的な時間を合わせる

⑤シニアの強いこだわりは変えられない

⑥シニアの残存能力を大切にする

⑦シニア向け製品開発のカギは「こだわり」と「残存能力」にある

4章

シニアにやさしいお店のイロハ

1 儲かっている「代わり映えしないスーパー」

街中の小さなスーパーの生き残り戦略

私は、ある街中のスーパーの40代の経営者が、どうしても非シニアの家族層を呼び込みたいと言っていたのを聞いたことがあります。その経営者が言うには、「シニアは1回あたりの買上げ点数が少ないので店舗の売上げにあまり貢献しないし、閉店間際の値引きされた惣菜を買いに来ることが多いので、あまり儲からない」とのことでした。

確かに、家族層であれば家族分を購入するので、1回あたりの買上げ点数が多くなる分、売上金額は大きくなります。

しかしながら、粗利益で考えた場合は違います。粗利益とは販売額から販売原価を引いたものです。シニアが1人分を購入した金額と、非シニアが家族分を購入した金額を比べると、購入金額全体は少なくても、シニアのほうが1人分としては金額が多くなります。3～4人分をまとめて購入してもらうより、お1人様用のほうが1人分としては高くなるので、**粗利益で見ると、店舗の売上げに対する貢献度は高い**のです。

最近、街中のスーパーで「お1人様用」の食材をよく見かけるようになりました。コンビニエンスストアで売られている惣菜も、多くは1人用になっています。

10年くらい前は、「お徳用」として家族向けに、大きな容器に3〜4人前の惣菜が入っていましたが、最近は価格も半額程度で小分けして、1人前用の惣菜を売っています。お徳用の惣菜を見かけるのは、郊外に立地する大規模なスーパーくらいになりました。

お1人様用の惣菜が売られるようになったのは、小家族化傾向が進み、家族の構成人員数が減少していることによります。

シニアの単独世帯も増えており、2015年にシニアの単独世帯数は562・1万世帯、シニアの夫婦世帯数は599・1万世帯であったものが、2020年にはシニアの単独世帯数は631・1万世帯、シニアの夫婦世帯数は614・0万世帯と、単独世帯数のほうが多くなります。シニア世帯でも構成人員が減少するので、ますますお1人様用のニーズが高まります。

お徳用より、**お1人様用のほうがシニアにとっては親切な商品**です。シニアはたくさん購入しても必要な分以上は食べませんし、たくさんの量を購入する選択肢しかないのは、廃棄するものを買わせるの同じです。日持ちしない生鮮食品であればなおさらです。

高齢者世帯の構成

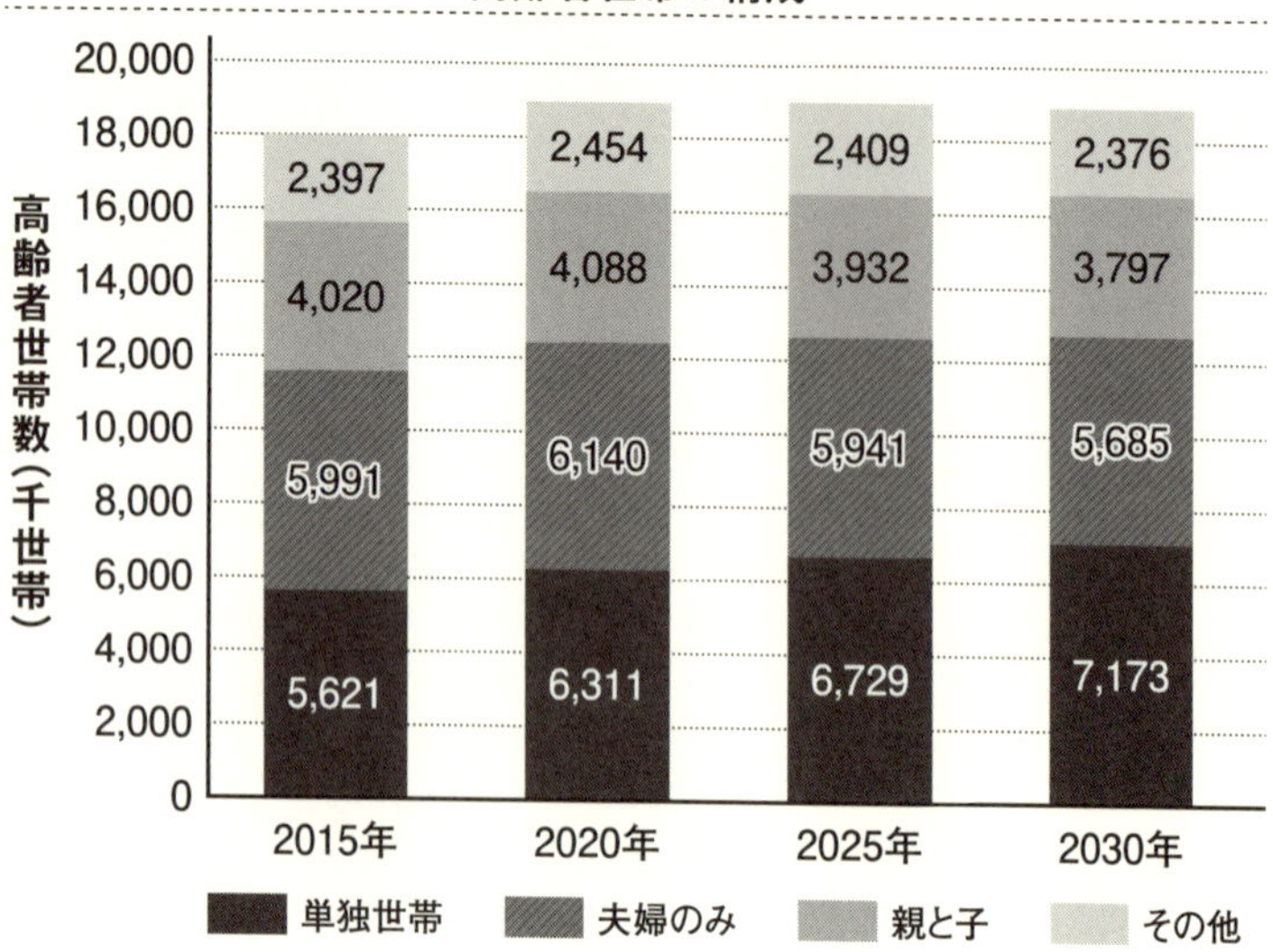

（出典:内閣府「平成23年版高齢社会白書」）

シニアの消費額は八掛けと考えても、シニアには扶養家族が少ないので、購買力があると見るべきです。

さらに、シニアは3日過ぎても残るようなつくり置きは避けるので、**シニアの来店頻度は2、3日に1回程度と、週末に買いだめする非シニア層と比べて高い**のです。しかも、**シニアは徒歩圏内を移動することが多いので競合店も少ない**のです。したがって、シニアは優良顧客になります。

それに対し、非シニア層は車で移動することが多いので、郊外のスーパーが競合店となり価格競争となるので、その点でもシニアを優良顧客化することを優先すべきです。

なお、シニアは閉店間際の値下げされた惣菜を購入することが多いので、儲からないのではという意見があります。しかしながら、惣菜しか買わないわけではないので、その他の商品の購入を含めて全体の粗利益で考えるべきです。惣菜は消費期限が過ぎれば廃棄せざるを得ないので、むしろ惣菜を誘因としてシニアの来店に結びつけることを考えるべきです。

街中に立地するスーパーは、**シニアにやさしいお店づくりをすること**が、これからの生き残り戦略になります。「儲かっている代わり映えしないスーパー」とはシニアにやさしいお店なのです。

30㎝より高い0・5㎝の壁

①家の中にもたくさんの壁

新しく店舗を開店する場合であればバリアフリーにすることも容易ですが、既存の店舗であれば限界があります。あるスーパーは、シニアにやさしい店舗にするにあたって、あまりお金をかけることができないので、介護現場の視点を加えて、簡単なリフォームをしました。**「小さな段差をなくす」「手すりをつける」「階段の縁を目立つ色にする」**などです。

このようなリフォームがなぜ有効なのか、介護の視点で説明します。

シニアはよく転びます。どこで転ぶかというと、家であればフローリングの部屋と和室の部屋のつなぎ目の0・5㎝程度の段差です。シニアは足を大きく上げて歩くことが少なくなり、足を地面にすって歩くようになります。

また視力の低下が起こり、50歳代で約60％、70歳代で約80％の人が、ものが黄ばんで見える黄変化現象によって見えにくくなると言われています。そのためシニアの目を通すと、階段やスロープの色がベージュやグレーの場合には、うこん色に見えることもあり、段差の陰影がはっきりしなかったり、縁がはっきりしなかったりすることがあります。

老眼で遠近両用めがねをかけている場合は、下のほうが近くに見えやすくなるため、足元を視認することが難しくなります。

このような要因で、０・５㎝程度の段差に引っかかって転んでしまうのです。

逆に、玄関の靴脱ぎ場のように30㎝もある段差ではあまり転びません。段差があることが一目でわかるので、きちんと足を上げて段差を越えられるのです。つまり、**大きな段差より小さな段差のほうがシニアには壁になる**のです。

ところで、郊外の飲食店などでは車椅子の人が自走できる長いスロープを見ることがあります。こういったスロープをシニアが歩行すると、むしろ危険です。なぜなら軽い坂だと、そこを歩くシニアは身体が傾くので、余計に転びやすくなるからです。

民家を活用したデイサービスのケースでも、同様のことが問題になることがあります。建築基準法では、延べ床面積が１００㎡を超えた場合には用途変更が必要になり、老人介護施設などに該当することになります。するとバリアフリー法が適用されることになり、車椅子の人が自走できるスロープを設置しなければならなくなります。そこで介護施設なのに、かえってシニアが転びやすい設備を設置するという本末転倒なことが起こるのです。長い緩やかなスロープであってもシニアが歩行するときには、なるべく手すりを持っていただかないといけません。

ちなみに、要介護者が車椅子を利用している場合、自走することはほぼありません。介護職員が車椅子を押せる短いスロープがあれば十分なのです。店舗では長いスロープをつくるより、**階段に手すりを設置する**ことのほうが重要です。もし店舗前や店舗のなかに階段がある場合には、手すりを設けると効果的な安全策になります。

なお、介護保険サービスのなかに住宅改修があり、1人につき20万円を限度に住宅改修ができます。住宅改修では主に、階段や浴室に手すりをつけたり、部屋と部屋の間の段差を解消したり、段差や縁が見えにくい場合にはその境目を目立つ色にしたりします。シニアは自宅のちょっとした段差で転んでしまい、骨折することもあるので、こうした改修はとても重宝されます。

②転倒すると大けがになることもある

実際にシニアが転倒するとどうなるでしょうか。

私が担当したケースで言うと、シニアが在宅中に電話が鳴ったときに、慌てて受話器を取ろうとして、急に椅子から立ち上がって大けがをしたケースがあります。

シニアは、とにかく急いで受話器を取ろうとして、うっかり椅子の肘掛を持たなかったり、杖などの補助器具に頼れなかったりすると、身体がふらついてバランスを崩し、尻餅をついてしまいます。

若い人であれば腕を使って受身を取ることもできますが、シニアの場合には身体が硬直していて勢いよく尻餅をつくので、運が悪いと腰椎骨折で大けがになります。シニアの場合は骨が脆くなっているということもあるのですが、むしろ身体が硬直して上手に受身が取れないというのが、けがを大きくする原因になります。

大きなけがだと入院になることもあるわけですが、そうなると安静にして動かなくなるため、シニアの場合、廃用症候群になることもあります。廃用症候群とは、過度に安静にすることで、筋肉がやせ衰えたり、関節の動きが悪くなったり、精神状態が悪くなったりすることで、気づいたときには起きられない、歩くことができない、うつ状態になるといった症状が現われることを言います。

そのため介護の仕事では、シニアの転倒を防止するためには、シニアを注意深く見守ることが重要であり、店舗づくりでも参考になることがたくさんあります。

シニア向けの店舗レイアウトを考えるうえでは、シニアが歩いていて転倒しないよう、**店内動線上の床の小さな段差をなくす**ことや**ダンボールなどの物を不用意に置かない**ことです。

また、床の素材によっては光が反射します。すると、シニアはまぶしさを感じやすいので、床がよく見えなくなります。床に光が強く反射して水溜りができているように見えることもあります。床がよく見えなかったり、反射したところを迂回しようとしたりすることで、足元に物があれば引っかかったり、棚にぶつかったりするので、転倒するリスクがあります。

シニアが転倒しないようにするには、店内動線の段差をなくし、視界をよくすることが基本になります。

③店員のホスピタリティ

シニアの転倒を防止するには店員のホスピタリティも重要です。

シニアが店員に商品がどこにあるのかを尋ねたときに、店員が商品のある場所を指で指して伝えるだけのときがあります。この対応では、顧客が期待する店員の対応としては不十分です。そこで、売り場まで顧客を誘導して案内してくれる店員もいます。非シニア層への対応としてはこれで十分ですが、シニアに対してはどうでしょうか。

私は、これでも不十分だと思います。例えば、シニアがお風呂用の液体洗剤を探していたとします。非シニア層でもぱっと見ただけでは、お風呂用の洗剤かトイレ用かを区別するのは難しいため、表示を確認する必要があります。お風呂用の商品群とトイレ用の商品群は売り場が共通していることも多いので、見分けることが難しいのです。

スーパーの棚割りは、用途が似ている商品をまとめているので、顧客にとって便利な反面、商品間の境界を曖昧にしています。このようなケースはお風呂用品とトイレ用品以外にもたくさんあります。清涼飲料水とアルコール飲料であったり、牛肉と豚肉であったり、餃子と焼売であったり、きりがないほどです。スーパーの売り場は、**シニアにとって意図した商品と違う商品を購入する可能性がきわめて高い**のです。

そこで、シニアの応対をする店員としては、売り場まで誘導するだけでは不十分で、棚割りのどこからどこまでが対象の商品群なのかを伝える必要があります。さらに、どの商品が定番商品でお買い得なのかを伝えたり、手にとってシニアに渡したりすることもできれば、店員として十分なホスピタリティを発揮できたと言えます。

またシニアによっては、商品を選ぶのが苦手で自信がないこともあります。シニアを接客する店員には、お客様がどのようなものを探しているのかを見抜き、相手にとっていいと思うものを2、3点ピックアップして紹介するくらいの提案力があることが望ましいでしょう。

なお最近では、お客様が購入したものを配送するサービスを提供しているスーパーもあります。シニアによってはそのようなサービスを知らない人もいます。**商品を持ち帰ることができなければ購入しない**ので、持ち運ぶことが困難な米やボトル飲料水などの購入に迷っているシニアを見かけた場合には、一言、声かけすることも必要です。

このように、店員にはシニアが店内で迷わないように接客する、ホスピタリティが求められています。

商品案内のコツ

①見えやすいもの、見えにくいもの

スーパーの店舗内で、品物がどこにあるか商品種別を表示するものはたくさんあります。スタンド看板、のぼり、吊り下げＰＯＰなどのサインです。

しかし実際に、シニアにとってこのようなサインが役に立っているのでしょうか。

よくサービスカウンターで品物のある場所を聞くと、店員が、「○番通路の棚にあります」という返事をすることがあります。この「○番通路」というサインは天井からぶら下がっていることが多いので、自分で品物を探す人はそれを頼りに移動します。

ところがシニアの場合、このサインが見えていないことが多いのです。要因としては、シニアは瞳孔の面積が小さくなるため、光を感じる機能が低下していることが挙げられます。瞳孔の面積は20代では15・9㎟程度ですが、70代では6・1㎟程度になると言われています。シニアの瞳孔は若い人の半分以下になるため、**店内の照明を暗く感じる**可能性があるのです。

また、シニアは白内障や緑内障を患っている可能性もあります。

さらに、サインが高いところにあることで、足腰の弱いシニアにとっては見にくいこともあります。見ようとすると視線を向けるだけでなく、首を上げる動作が必要になります。シニアにとっては天井を見上げることは負荷が大きいので、高いところにサインがあっても気づきにくいのです。

人は普段、あまり高いところを見ないのでなおさらです。もし、店舗案内のサインを設置するのであれば、通常よりも低い位置に設置することが好ましいのです。また、照明が直接目にあたることなく、壁面をうっすらと明るくするようにすると、目にやさしくなります。

なお、店舗運営においては、**お客様をどう商品に導くか**が売上げを左右します。

お店の商品ごとの売上金額は、下記の数式で求められます。

商品ごとの売上金額＝視認率（見た人）×通過率（通った人）×立寄率（立ち止まった人）×買上率（買った人）×買上点数（何個買ったか）×1品単価

お客様がお店に入って、回遊しながら商品を見て、その商品のある通路を通り、その商品の前で立ち止まり、手に取ってカゴに入れ、ついでに関連商品もカゴに入れることで、売上げにつながります。

したがって、シニアにやさしい店舗づくりのためには、この一連の流れのなかで商品のある場所が見えにくいといったことにならないよう、**商品の場所を気づきやすいようにすべきであり、視認率がもっとも重要**になります。

②シニアに見やすい陳列のシルバーゾーン

スーパーの店舗運営には陳列のゴールデンゾーンというものが大事です。顧客に興味を持たせる商品の陳列方法のことです。

スーパーにおいて陳列方法が大事な理由としては、ほとんどの顧客が**来店後に何を買うかを決める**からです。夕食の材料を買おうとスーパーに来たような場合には、どんな料理をつくるかをあらかじめ決めているのではなく、店内を回遊し、商品を見ながら夕食に何をつくるのかを考え、購入するものを決めるため、いかに顧客に欲しいと思わせるかが重要になります。

ゴールデンゾーンとは、顧客の標準的な身長や腕の可動域、目の動きなどを考えて、顧客が商品を選びたくなるような棚割りを言います。棚割りでは、「何を」「どこに」「いくつ」「どのように」陳列するかを決めることになります。

ところが、このゴールデンゾーンは一般的な成人男性・女性を想定しており、シニア向けには考えられていません。例えば標準的な体型を想定したとして、身長を160㎝、直立姿勢のままでの腕の可動域を頭の上から腰の位置までとすると、もっとも見やすいところは目線から20㎝下

ゴールデンゾーン・シルバーゾーン

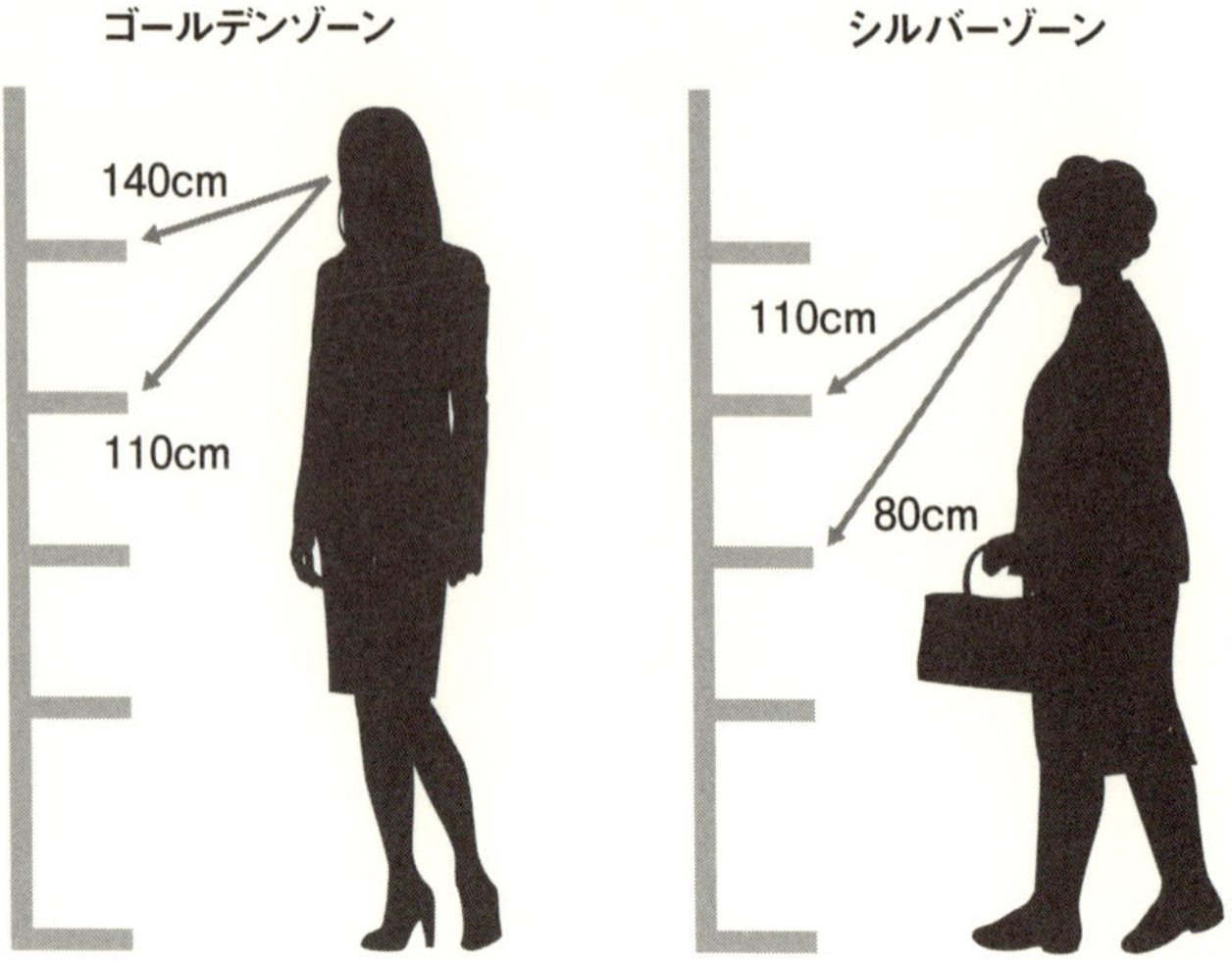

のあたりにあり、ゴールデンゾーンは１４０㎝から１１０㎝程度になります。

しかし、ゴールデンゾーンはシニアの選びやすい範囲よりも高くなります。したがって、シニア向けの**「シルバーゾーン」**というものを別途考える必要があります。

一般的にシルバーゾーンは、１１０㎝から80㎝と言われています。シニアの背中が丸くなっている場合や腰が曲がっている場合、腕の可動域が狭まっている場合を想定して、**成人と比べて手が届く範囲も30㎝ほど低くなる**と考えるべきです。

ただし、同じ高さの陳列棚でも、歩行スピードや通路幅で見えやすさが異なります。例えば、通路幅が１２０㎝では視認性が低下し、１７０㎝では広がります。したがって視認性を陳列棚ごとに見直すことが欠かせませんまた、最近では電動車椅子に乗って移動するシニアも増えています。

バリアフリー法によると、「車いす使用者と人がすれ違える廊下の幅」として最低限のレベルは120㎝、「車いす使用者同士がすれ違える廊下の幅」として望ましいレベルは180㎝とされています。

街中のスーパーとしては、通路幅を広くすると、その分、陳列スペースがなくなるので悩みどころですが、シニアにやさしい店舗づくりのためには、通路幅を広くすることが必要になります。

③いつもと同じ棚割りであることが大事

棚割りとは、顧客が商品を効率的に選べるように商品を見やすくしたり、取りやすくしたり、関連する商品をまとめたりするなどして陳列することを言います。

商品陳列の目的は、お客様が求めている商品を効果的に並べることや、関心のないお客様に興味を持たせ、購買を促すことです。そこでお客様から見た、陳列の5原則があります。**①目につきやすい、②見やすい、③選びやすい、④取りやすい、⑤戻しやすい**、ことです。

商品の配置については、同一商品または関連商品を最上段から最下段まで縦に配列する方法（垂直陳列）や同一商品または関連商品を横に配列していく方法（水平陳列）、3段以上のひな壇を平台上に設置し、同一商品または関連商品を並べる方法（ひな壇陳列）など、いろいろあります。

商品の陳列方法

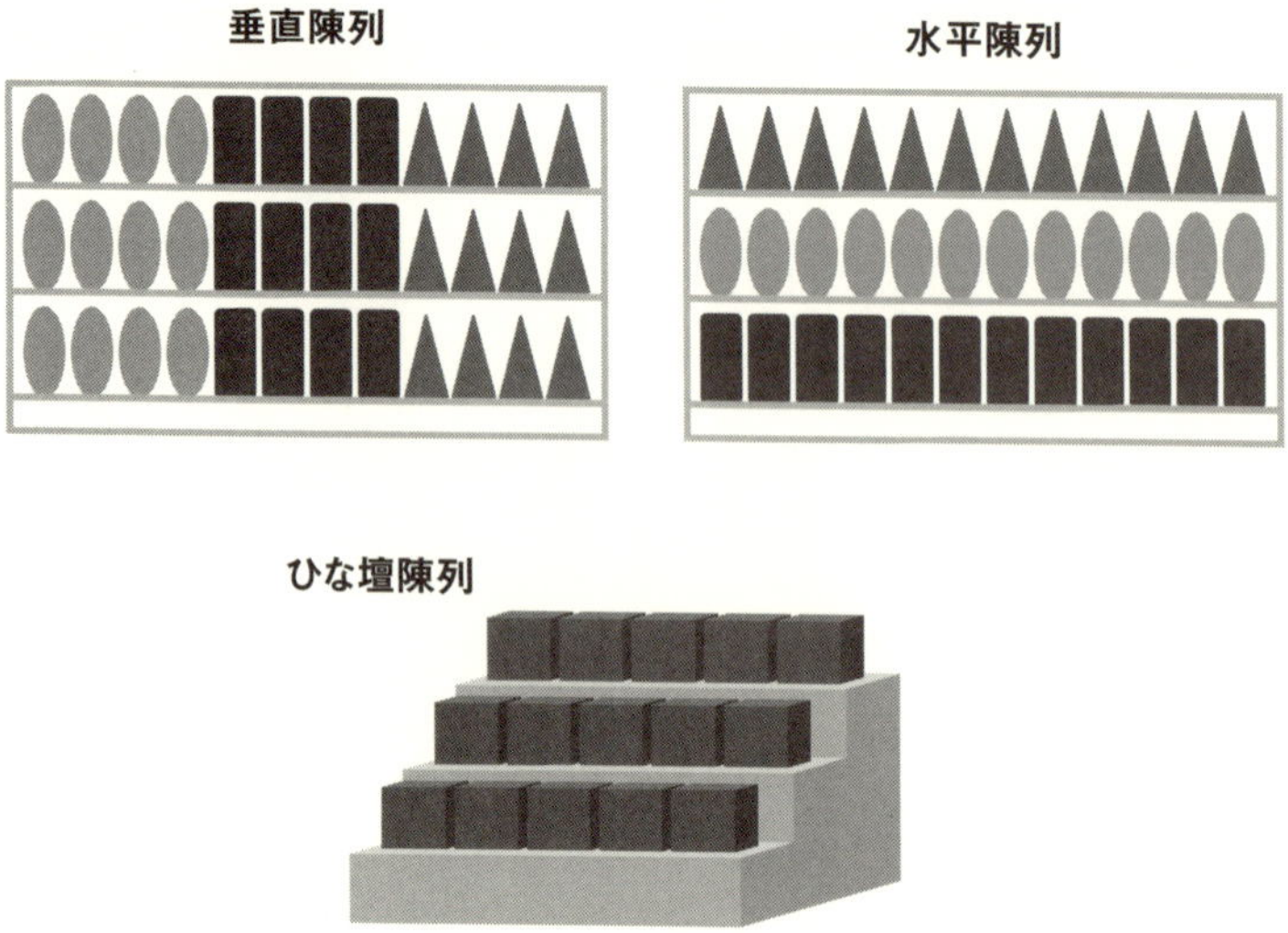

　そのなかでシニアに向いた商品の陳列方法としては、垂直陳列が挙げられます。シニアはなるべく移動せず、視線で追うので**視認性が高まる垂直陳列が便利**だからです。

　また、たくさんの商品を並べた、きらびやかな棚割りにするよりも、棚割りは小さく簡素なほうが見やすいですし、混乱することも少なくなります。

　シニア向けの棚割りを考えるうえで大事なことは、**何を売って何を売らないかを決めて、引き算で考える**ことです。

　また商品を安全に取れることを考え、瓶や重い商品など割れやすい商品については、見やすくて選びやすいよう、隙間を設けることです。

　なお、店舗改装をすると、既存顧客の購買金額が増えるのと新規顧客を獲得できるので、一般的に売上げが上がると考えられています。

棚割りの変更も同様です。例えば、パチンコ店の新装開店はよく見ますし、商品サイクルの短いレンタルビデオ店や家電量販店の棚割りの変更もよく見ます。

しかし、シニアにとってはこういった手法は逆効果になります。店舗改装や棚割りが変更されると、売り場がどこにあるのか混乱しますし、落ち着きません。シニアの購入するものはほとんど変わりませんし、スーパー内を回遊して商品を選ぶことも少ないので、シニアにとっては不便になるだけです。

シニアにとって、商品がどこにあるかを熟知していれば、欲しいものがあればまず行くお店になるので、固定客とすることができます。シニアにとってみれば、見慣れた店舗だから馴染みになれるので、**とくに必要がなければ、店舗改装や棚割り変更はしない**ほうがよいのです。

2 シニアにリラックスを提供する

焦らせないレジカウンター

①お金の勘定は難しい

普段生活しているうえではあまり気づかないのですが、財布から決まった金額を出すという行動は、意外に複雑です。例えば、9999円を財布から出すとき、5000円札1枚、1000円札4枚、500円玉1枚、100円玉4枚、50円玉1枚、10円玉4枚、5円玉1枚、1円玉4枚を出します。非シニアであればとくに意識せずにこの計算をしています。

しかし、短期記憶が衰えているシニアの場合や思考力が低下している場合には、面倒な計算になります。また、目が見えにくい場合には、お札や硬貨が容易に判別できないといったこともあるため、お店での支払いに手間がかかります。

他にも、そもそも財布がどこにあるか見当たらないといったこともあります。ものがカバンのなかにたくさん入っていて、どこに何があるのかわからないようなケースです。
さらには、触覚の衰えにより手に持っているものの感触が鈍くなるため、店員にお金を手渡すときに手先が動かず、小銭を財布から出すのが困難になるケースもあります。

ところで、私の知っているシニアは、自宅の押入れのなかに無造作に小銭を詰めた透明のビニール袋をたくさん持っていました。このシニアはレジカウンターでお金を出すときに、計算が不得手であることを知られたくないことや、店員に手間をかけて迷惑をかけたくないこともあって、計算が不要なように店員に高額な札で支払いをしていました。そのときの釣り銭が溜まって、それをビニール袋に集めて、押入れに放置していたのです。

このように、シニアにとってはレジカウンターでの会計は障害となり得るのです。
しかし、レジでの対応をシニアのペースに合わせると、後ろに並ぶ他のお客がイライラし始めるため、シニアにはさらにプレッシャーがかかり、なおさら慌てることになります。
そこでスーパーとしては、**急ぐお客様用にセルフレジを設ける**ことで対応すべきです。混雑は解消されますし、店員もシニアに不要なプレッシャーを与えずに、ゆっくりと会計できるようになります。

セルフレジは、最近は大規模スーパーでよく見かけるようになりました。一見すると無人化によるコストカット面での効果が大きく、大規模店ならではの合理化に思えるかもしれません。しかし、混雑時にシニアを慌てさせないためにも、街中のスーパーでも導入する効果は十分にあります。

シニアによっては、**レジカウンターはスーパーの買い物でもっとも緊張させられ、恥をかかされ、嫌な思いをさせられる場所**にもなります。シニアが不快に思えば、そのスーパーを利用しなくなります。

街中のスーパーでは、ますますシニア顧客が増えています。十分なレジ対応をすることでリピーターの獲得につながるのです。

②「1万円入りました！」がなぜ大事か

現金を扱う商売には、**「現金その場限りの原則」**というものがあります。例えば、飲食店やコンビニエンスストア、小売店などで店員が会計で顧客から1万円札で支払いを受けたときに、「1万円入りました！」と、大きな声で他の店員に聞こえるように言うことがあります。

これは、他の店員に言っているように見えて、実は目の前の顧客に言っているのです。つまり、レジにお金が入ってしまうと、他の現金と混ざってそのときにいくら現金が入ったのかわからない状態になるので、顧客が確認できるように伝えているのです。

顧客が1万円札を渡しているのに、5000円札と勘違いして、お釣りの返却時にもめることがあってはならないからです。

また、お釣りを返却するときに、1000円札を一枚一枚、顧客が見えるように数える場合もあります。これは返却時にいくら返却したか、もめないようにする方法です。

この原則はシニアにはとくにあてはまります。シニアの場合、自分がいくら支払ったのか、お釣りをいくら受け取ったのかを忘れるときがあります。したがって、**「現金その場限りの原則」は非常に有効**です。

問題は小銭をどうするかです。顧客の前でいちいちカウントするのはとても面倒です。

私がお勧めする方法は、まずお札と硬貨を分けることです。お札と硬貨を同時に渡すと、財布にしまうときに落としてしまうことがあるからです。

つり銭トレーにお金を置く場合も、見やすいように、お札と小銭を種類ごとにそろえて並べるべきです。また硬貨を手渡すときは、「小銭は○○円です」と言って、シニアの手にきっちり収まるように渡しましょう。

なお、お店が混雑すればするほど、レジカウンターには人が並びます。店員は混雑を解消させるために手際よくレジ作業を進めようと、業務が機械的になっている場合が見受けられます。

例えば、バラバラと音をさせながら金銭授受をする場面や、お金を片手でつかんでレジのなかにすぐに放り込むような場面です。こうした光景を見ると、シニアにはその店員がお金を大切に扱っていないと思え、お店の接客力が低いと見なします。

また、**クレジットカードはお客様の財布と同じ**と見るべきで、現金よりもていねいに扱う必要があります。カウンターにポンと軽く置くのは失礼であることを認識すべきです。

さらにレシートは、お金をごまかしていないことの証明にもなるので、必ず渡すべきです。小銭といっしょに渡すよりも、小銭を渡し終わった後に渡すほうが親切です。

お金を雑に扱うと、シニアは自分の人格を否定されたくらいに嫌な気分になります。基本は両手でていねいに、やむを得ないときは片手でもしっかり扱います。

シニアが落ちつけるお店づくり

①ゆったりできる休憩エリア

シニアは体力が落ちていて足腰が弱いので、疲れやすい体質になっています。お店に来るまでにすでに歩いていますし、店内で欲しいものを探しているときにも、やはり疲れます。そのようなときに**休憩エリア**があれば、シニアに喜ばれます。

では、店内のどこに休憩エリアをつくったらよいでしょうか。私は、なるべくレジカウンターの近くをお勧めします。レジカウンター近くであれば、店員は何らかの仕事をしながら対応できますし、商品を扱うこともできるので、商品の提案がしやすくなります。

休憩エリアは、雑談ではなく商談ができるスペースです。店員がシニアと直に触れ合えますし、他のお客様とも対応できるので、ほどよくシニアとの距離を保ちつつ接客ができます。

それに対して、私が見た失敗事例があります。

あるブティックでは、店の入口の横にベンチを設置しました。シニアが休憩できるよう、親切心からベンチを置いたのです。しかし、ブティックに用のないシニアがベンチに座って、井戸端会議をする場所になってしまいました。さらには学生までが座り込んで話し込む場となりました。ブティックにとっては想定外に、営業の邪魔となってしまったわけです。

後日、ベンチが撤去されたことは言うまでもありません。

お店はお客様が商品を購入する場所であって、休憩する場所ではないのです。シニアの憩いの場をつくる意図があるのならば、なるべく**購買活動を促す場所に休憩エリアを設置する**ことです。小さなお店でも、シニアが気軽に座れる椅子を設けることくらいは可能なので、休憩エリアはシニアが利用しやすいお店にする方法として有効です。

なお、疲れているシニアを休憩エリアに誘導するときは、下から手を支えてあげるとよいでしょう。シニアの肌はデリケートで傷つきやすいので、あまり強く持たないことです。

②シニアのお気に入りのウォシュレット

高齢になると頻尿になり、トイレが近くなります。お店に来るまでの移動で、入店した時点でトイレに行きたくなっていることもありますし、シニアによっては、トイレに入ってすっきりしてから買い物を始めたいという要望もあるでしょう。

そこで、**トイレがどこにあるか、一目でわかるよう目印を設ける**ことがお勧めです。

シニアにとって、**店舗のトイレの使いやすさはお店を選ぶ際の一つの基準**になります。清潔であることは当然として、和式トイレより足腰に負担のない洋式トイレのほうが好まれ、ウォシュレットは必需品になります。また、便座から立ち上がりやすいように横の壁に縦の手すりがあると親切です。

男性のシニアは立って小用を足すことが多く、年とともに排尿の切れも悪くなります。そのため小便器・大便器ともに尿で汚れることが多くなります。ですから、トイレはこまめに掃除をする必要があります。とくに人の出入りの多い飲食店や、雰囲気を醸し出すために薄暗いトイレを設置しているお店は汚れやすいので、数時間おきに掃除をするとよいでしょう。

男女共用トイレでは、なおさら気をつける必要があります。

公共施設やデパート、量販店、コンビニエンスストア、テナントビルなどと違い、小さなお店では、どうしても男女共用のトイレが多くなります。女性にとっては、便座が上がっていて便器まわりが汚れていたら、トイレを利用する気持ちが起こらず、不快な気持ちになります。それだけでリピーターが減る要因にもなりかねません。

ただし、掃除はさりげなくしないと、男性シニアにとって侮辱行為になりかねません。男性シニアからすると、自分が尿をこぼしたことを知られるのは恥ずかしいので、男性シニアに気づかせない心配りが求められるのです。

老人デイサービスでも、男性のシニアが利用した直後に掃除をする職員がいるのですが、汚れているかどうか確認していることがわかると、クレームになることがあります。

③シニアと孫が憩うお店づくり

シニアにとって、孫は可愛いものです。むしろ自分の子供より可愛がる傾向が強いと言ってもいいくらいです。実際に私も、シニアから相談事を受けるたびに、自分の子供のことはボロクソに言うのに、孫の話となるとデレデレになる方をよく見ます。そこで**子供用商品を扱う店舗の場合、シニアが孫と遊べるスペースを設けておく**と、シニアにとって居心地のよいお店になります。

シニアにとって、社会的な関係性がだんだん希薄になっていくなかで、孫といっしょに過ごすときには、自分の子供からの期待もあるので、どうしても財布の紐が緩くなります。そこでお店としては、シニアが孫を連れているときに、孫に商品・サービスへの関心を喚起できれば、売上げにつながります。

しかしながら、同時にシニアにも欲しいという気持ちを喚起しなければなりません。というのも、シニアには孫といっしょに遊びたいという気持ちがあるからです。

また、シニアの子供にとっても、シニアが孫と遊んでくれることで自分たちの時間にゆとりが持てますし、そのことでシニアは、より孫と過ごす時間を増やすこともできます。

ここで一番ダメな接客は、孫の欲しい気持ちだけを一方的に喚起するケースです。あくまで買うのはシニアなので、シニアを無視してしまうとそっぽを向かれてしまいます。孫といっしょに楽しむイメージをシニアに提案できるかどうかがポイントです。

購買に関する傾向としては、自分の娘の子供とは日常的に交流があることが多いので、食事や衣服、履物といった、**日常的な商品・サービスについて、孫のために支出する**傾向があるようです。一方、息子の子供とはあまり日常的に交流がないので、誕生日や入学式などの**大きな祝いごと**での支出が、ぜいたくに行なわれやすいようです。


ところで、孫のいないシニアに対しても、子供が遊べるスペースを設けることは有効です。シニアは若い世代に対して親近感を抱いています。とくに自分の孫世代に対してはとても親近感を抱きやすく、孫がいないシニアほどその傾向が強いのです。

ある雑貨屋ではシニアのこの性向を理解して、あえて子供に注意せずに、店先で遊ばせていまず。そのおかげか、シニアは子供を見て、引かれるようにいつもニコニコしながら、この雑貨屋に入ってくるとのことでした。

4章の POINT

①街中の小さなスーパーは、シニアを大切にすることがこれからの生き残り戦略になる

②シニアが転倒しにくいお店にする

③シニアには店舗内の高いところにあるサインが見えない

④陳列のシルバーゾーンは110㎝から80㎝

⑤店舗改装や棚割りの変更はなるべくしない

⑥レジ会計のときにはシニアを焦らせない

⑦休憩エリアはレジ前に椅子を置くだけでもよい

⑧清潔感は不可欠。トイレはこまめに掃除する

⑨子供が遊べるエリアを設ける

5章

小さなお店にできるシニアの集客術

1 シニアを引きつける販促活動

シニアの目を引く文字の書き方

①15秒以上の有効ルール

テレビでは健康食品やサプリメントのインフォマーシャルが、シニア向けのサスペンス・ドラマや時代劇の番組の合間に流れています。インフォマーシャルとは、おおよそ5分くらいの間に商品説明をするテレビCMで、簡単に言うとテレビ通販の商品紹介です。長いものですと1時間ほどのものもあります。

パターンとしては、司会が商品説明をすると複数の有名人がほめて、ところどころでユーザーの使用後の感想をVTRで流します。総じてわざとらしい演出が多く、何度も商品説明を繰り返します。

このようなテレビＣＭで扱われる商品は、15秒程度の一般のテレビＣＭでは見ません。シニア向けの商品が多く扱われています。シニア向けのサプリメントや被服などは一般のテレビＣＭではあまり見かけません。これはどうしてなのでしょうか。

一つはターゲットが違うので、アプローチの仕方が異なることがあります。対象が非シニア層の場合は、15秒程度の情報量で注目を集め、自分ごととして関心があるかないかの判断を迫ることができます。

しかしシニアの場合には、15秒程度では判断が難しいので、もっと時間をかける必要があります。シニアの注目を集め、欲しいと思わせるには、インフォマーシャルのように、**簡単な商品説明を何度も繰り返す**ことが有効になります。

もう一つは、非シニア層にはたくさん欲しいものがあるので、非シニア層向けの1時間のドラマで流されるＣＭ量は、おおよそ10から20本くらいになります。

しかしシニアの場合は、すでに多くのものを持っているので、非シニア層と比べて欲しいものが少なくなり、また物欲も少なくなります。そのため、シニア向けの商品情報は**量より質が重要**になります。

なお、非シニア層向けのＣＭの場合、「今すぐ○○を検索！」で終わるところを、インフォマーシャルの場合は、「今すぐお電話を！」の定番のセリフで終わるところにも違いがあります。シニアにとっては電話のほうが使いやすく、販売会社にとっても商品説明がＷｅｂサイトより伝えやすいからです。

情報を得る方法が、非シニア層がウェブ検索で直接サイトや価格コムのレビューを参考にするのとは大きく異なります。

②サインPOPのつくり方

よくお店でサインPOPを見かけることがあります。POP（ポップ）とは、紙に商品名や価格、キャッチコピー、説明文、イラストなどを手描きしたもので、陳列棚に置いてあったり、貼りつけてあるものです。

顧客にとっては、ドラッグストアや文具店、雑貨店などで、欲しいものがあった場合に、商品比較するのにとても便利なので、じっくり読むこともあります。お店にとっても、顧客に対して売りたいものを訴求するのに便利なツールです。

POPは、じっくり読ませる前に、顧客がぱっと見て**自分ごととして関心があるかないかを気づかせる**役割があります。この点はテレビCMも同じで、視聴者に自分ごととして関心を呼び込み、商品価値を伝え、欲しいと思わせるものです。

しかしテレビCMと違って、POPは映像や音声を用いず、文字とイラストのみです。したがってシニア向けの場合は、非シニア向けのPOPと異なり、読みやすくわかりやすくする必要があります。

ところで、文字を読みやすくするためには、その文字列を見たときにすぐに文字だとわかり、すっと読めて、疲労を感じさせないことが大事です。文字の読みやすさを表わす要素として、「視認性」「可読性」「判読性」があります。

視認性とは、文字の見えやすさの度合を示すもので、見た瞬間に文字と認識できるかということです。シニアにとっては、茶系、黄色系、蛍光色は見えにくい色です。また多くの色が使われているPOPを見ることがありますが、背景色と文字色が近い場合、例えば「青と緑」や「白とピンク」などは文字として認識することが難しくなります。

またフォント（書体）によって視認性が変わります。

一般的にはゴシック体のほうが見やすいと言われますが、シニアの場合は明朝体のほうが見やすく感じます。なぜなら、ゴシック体は線が均一で、手書き文字に慣れたシニアにとっては見にくいからです。

可読性とは、文字の読みやすさの度合を示すものであり、読める文字として認識できるかということです。シニアは老眼なので、太い文字が多用されていると、文字が塗りつぶされているように見え、可読性が下がります。字画の多い漢字を多用することも同様です。常用漢字以外はひらがなを使うほうがよいでしょう。

判読性とは、文章のわかりやすさの度合を示すもので、誤読がなく、正確に文章の意味が伝わるかどうかということです。

例えば、シニア向けのアンチエイジング化粧品に、聞き慣れないカタカナの成分名の効能が長々と書かれていても、判読することは難しいでしょう。専門用語や横文字を多用すると、それを説明する情報が必要になり、非常に意味がわかりづらくなります。

シニア向けのＰＯＰは、とにかく**情報量を少なくする**ことです。

③新聞を参考にしよう

シニアはよく新聞を読みます。最近は活字離れが進んでいると言われていますが、ことシニアについては違います。もちろん目の悪い方もいますが、老眼鏡や拡大鏡を用いて、じっくり文章を読んでいます。

新聞は昔からあるので、シニアの生活に欠かせないものとなっています。シニアにとってどういったものが読みやすいのか、新聞がとても参考になるので、いくつかポイントを説明します。

一つは背景色です。新聞は薄い灰色の紙に印字されています。薄い灰色なのは、両面に印字するので、文字が透けないようにするためという理由があります。透けにくく、反射しにくい色ということは、**目にやさしい**というメリットもあります。同じように、わら半紙の背景色もシニアにとって読みやすいものとなります。

反対に、背景色が濃いものは読みにくくなります。一般的には背景色と文字の色のコントラストが強ければ読みやすいと思われますが、目が悪いと色の境界がぼやけるので、背景色が濃い色だと読みにくくなります。

また白抜きの文字も判別しにくくなります。同様にラミネート加工した紙も、光が反射するので、読みにくいものとなります。

無地の背景色で、文字も寒色系の色が好ましいでしょう。赤や黄色などの暖色系の色は文字がぼやけて見えるので、なるべく黒色や黒色に近い青色などが読みやすい文字になります。

ところで、ＰＯＰでは、縦書き、横書きのどちらがいいのでしょうか。新聞は縦書きですし、学校の国語の板書も、縦書きで改行は右から左になります。では、ＰＯＰも縦書きで書いたほうがよいのでしょうか。

今は小説本や手紙、葉書などを除くと、縦書きはあまり一般的ではなく、お店で見かけるＰＯＰもだいたいは横書きです。

縦書きは長文に向いていて、読みやすいという特徴があります。しかしＰＯＰは、**短い文章でメッセージ性を強く出す**必要があるので、横書きのほうが好ましいでしょう。

しかし、横書きになると英単語や外来語、新語、造語などのカタカナ語を多用しがちになります。パソコンが当たり前となった若い世代は、縦書きより横書きに慣れており、横書きだと英単語やカタカナ語が書きやすいということもあります。

【例】POPでよく見るシニア向けでないカタカナ言葉

セール	特売
アンチエイジング	若返り
フレッシュ	新鮮
バランス栄養食	栄養補助食品
ドライブ	運転
アイテム	品目
リピーター	馴染みのお客様
スローライフ	ゆったりとした生活
モチベーション	やる気
デリバリー	宅配・配達
リサイクル	再利用
リテール	個人向け取引
リーズナブル	お手頃

どうしてもパソコンに慣れてしまうと、シニアが聞き慣れない言葉を使ってしまう可能性があります。なるべく新聞で使われている単語を参考にして、**英単語やカタカナ語を使わない**工夫が必要です。

ところで最近の若い人で、縦書きの際の改行が、横書きの影響でしょうか、左から右の人をたまに見ます。パソコン入力に慣れてしまうと縦書きができなくなり、つい横書きのように左から右に改行してしまうようなのです。

シニアは手書きが当たり前の世代なので、このような文章の基本ができていないと、常識がないとして呆れられてしまうので気をつけましょう。

シニアに気づいてもらうためにすること

①アニメキャラクターで安心感を与える

あるリフォーム会社では、子供をデフォルメしたアニメーションを自社のイメージキャラクターとして活用していました。そのイメージキャラクターは2頭身で、とても愛らしいキャラクターでした。

そして、そのイメージキャラクターをチラシやパンフレットなどの販促物だけでなく、自社の営業車両や施工先の建設現場の足場用メッシュシートなど、とにかく目立つところに貼って大々的にアピールしていました。

この会社の戦略で優れたポイントは三つあります。

一つ目は、キャラクターとして子供を可愛くアニメ化していることです。

シニアは、子供に対して親近感を持ちます。アニメーションによってデフォルメすることで、さらに可愛く見えます。

介護施設でも、定期的に近隣の小中学校から子供が訪問することがあり、シニアにとって子供と触れ合えることは、とても楽しみな時間となります。このようにキャラクターに子供を使うことで、**自社に親近感を持ってもらうように**しているのです。

二つ目は、人目のつくところでイメージキャラクターを大きく見せていることです。ザイアンス効果というものがあります。ザイアンス効果とは、「同じ人や物に接する回数が増えるほど、その対象に対して好印象を持つようになる効果」のことです。

例えば、一度しか会ったことがない人でも、フェイスブックやインスタグラムなどのＳＮＳでつながることで、**しょっちゅう会っているような感覚**になり、親近感を持つような効果です。

この会社は、営業車両やメッシュシートにイメージキャラクターを貼ることで、街中を歩けばそのイメージキャラクターを各所で見てもらうことができます。

子供をキャラクター化することとザイアンス効果を狙うことで、シニアの親近感を高めているのです。

三つ目は、広告宣伝費としてあまりお金がかかっていないことです。ペイント代や垂れ幕の制作費・印刷費くらいしかかかっていません。

小さなお店はあまり広告宣伝費がかけられないので、販促物に小さな子供の絵を載せるという手法は有効だと言えます。

②シニアを店内に誘導するちょっとした挨拶

お店のドアが閉まっていたり、ドアが開いていても入口が狭いと、店内のようすがわかりにくいので入りにくいことがあります。そうした場合、お店の看板やポップを入口付近に掲げて、入りやすいお店に見せる工夫もあります。

しかし、シニアの場合は、**なかの人の顔が見える**ことのほうが重要です。したがって、お店まわりの雰囲気をよくすることも大切ですが、むしろ店員の顔が見えるように入口を広くしたり、店内を明るくすることが大切です。

お店まわりの雰囲気をよくするために、ブラックボードや花壇でお店の明るさを伝えようとして、逆に入口の邪魔になってしまっては、シニアの足を遠ざけることにもなりかねません。

ある飲食店では、入口付近でシニアがそのお店に入るかどうか悩んでいるのを見かけた際には、店員が真っ先に「いらっしゃいませ！　空いているお席にどうぞ」と**声かけをする**ようにしています。

また、「いらっしゃいませ、今日は暑いですね」と**相手が返事ができる挨拶をする**ことで、シニアとのコミュニケーションを促すこともあります。すると、シニアは思わずお店に入ることがあります。

またある飲食店では、シニアのお客様の名前を覚えておき、声かけをするときは名前を呼んでいます。

耳が遠いシニアは、店員が誰に話しかけているのかわからないときがあるので、名前を呼ぶことでシニアに気づいてもらうようにしているのです。

さらに、高齢であればあるほど、名前を呼ぶことで、愛着を持ってもらうことができます。誰しも、自分の名前ほど人生で聞き慣れた言葉はなく、もっとも馴染みのある言葉だからです。場合によっては、シニアが店員の顔と名前を覚えていないことや、そもそもお店に入ったことすら覚えていないこともあるので、気づいてもらうための有効な手法となります。

なお、シニアに気づいてもらいたいときには、まず**声をかけたうえで、顔を出す**ことです。いきなり顔を出すと、シニアは驚くからです。顔と声を同時に出すより、まず「いらっしゃいませ」と声に出してシニアの注意を喚起し、すぐにお顔を覗き込むようにすると、シニアは安心します。

例えば、介護現場では、独居のシニアを訪問したときに、インターホンを鳴らしても玄関に出てこられない方もいます。このような場合は、まず玄関先で元気な声で挨拶をし、そのうえで居室に入ります。そうすることで不審者でないことをシニアに伝え、安心してもらうようにしています。

このように、シニアは元気な声を聞くことと顔が見えることで、安心してお店に入ることができます。

シニアを見たらお店のほうから挨拶をする習慣づけをすることで、シニアと顔が見える関係を築くことができ、馴染みのお客様にすることができます。

③シニアが集うところで集客する

小さなお店が集客するために、商店街や駅前などの人通りの多いところでチラシを撒くことがあります。しかし、お店がその商店街や駅前にある場合を除くと、店外で集客することは難しいものです。

個人宅にダイレクトメールを送付したり、ポスティングするのも費用や時間がかかるため、頻繁にできるものでもありません。

そこで、シニアが集うところで集客する方法が有効です。

介護業界での、ある理容店の事例です。店長は介護職員初任者研修の資格を取得しており、シニアの髪質・頭皮にもくわしい人でした。その知識を活かしてシニアの自宅を訪問して、パーマやカラーリングなど高単価の理美容サービスを提供しようと考え、訪問理美容サービスを始めました。

ところが、いざシニア宅で訪問理美容を提供しようと考えても、チラシを個人宅にポスティングするだけではなかなか集客できませんでした。

そこで知人の介護事業者にお願いをして、地域の介護事業者が集まる団体で宣伝をさせてもらいました。

その成果があって、いくつかの介護施設や老人デイサービスから依頼されて、訪問カットを提供することができるようになりました。

また、ケアマネジャーや訪問看護師などの紹介で、寝たきりで家から出られないシニアの自宅を訪問して、カットだけでなく、カラーリングやパーマなどのサービスも提供するようになりました。

また、ある靴屋は定期的に介護施設を訪問し、その人に合った靴の提案を行なっています。その靴屋はシューフィッティングの技術が強みなので、シニアが身体のバランスが崩れやすくなることを踏まえて、その人に適した靴を履くことを提案しています。

さらに靴の履き方や歩き方などを介護職員にていねいにアドバイスすることで、シニアの事故防止に役立つと、とても感謝されています。

またカルチャーセンターなどで市民向けに、2本のストックを使って歩行運動を補助する、ノルディックウォーキングの体験講座を担当することもあり、シニアと接する機会を積極的につくっています。

このように、シニアはなかなか外出しないため、**シニアが集うところを拠点に間接的に集客する方法を持つ**ことは有効な手法となります。

2 シニア向けのデザインのコツ

シニアが手に取るパンフレット

①シニアを不快・不安にさせる介護施設のパンフレット

介護施設にとっては、入居率を高めることが経営を安定させるために欠かせません。最近は国の補助金がたくさん出ていることが後押しにもなっていて、介護施設がどんどん増えています。そうなると似たり寄ったりの施設も増えて、競争が激化します。

そこで、どうしてもシニアのお客様に選ばれるために、施設紹介のパンフレットもしっかりしたものをつくることを目指すようになります。

ところが大抵のパンフレットは、ゴチャゴチャしていて読みにくかったり、不適切なことが平気で書いてあったりします。

例えば、「ご入居までの流れ」という項目があって、そのなかに、「入居判定会議を行ないます。

判定会議の結果によっては、入居をお断りさせていただきます」といった文章が書かれているのです。

入居するシニアはお客様です。お客様に対して「判定します」というのは不適切な表現です。

またパンフレットには、お客様のことを「利用者」と書かれていることが多くあります。介護保険サービスを利用しているからということで、介護業界ではお客様のことを「利用者」と表現することが多いからなのですが、お客様は自分のことを利用者と認識しているわけではなく、非常に違和感があります。

同様に「老人」という言葉もよく使われています。様々な介護施設の名称が、「介護老人福祉施設」や「特別養護老人ホーム」「有料老人ホーム」であったりするからなのですが、シニアにとって「老人」と呼ばれることが気持ちいいはずはありません。

極力こういった**負のイメージを抱かせる言葉を使用すべきではありません**。

介護施設の紹介パンフレットは、シニアに安心感を与えるものでなくてはならないのに、このように、読んでいて不快・不安にさせる内容のものが多いのです。理由としては、ケアマネジャーや病院のソーシャルワーカー向けにつくっていることが多く、**シニアが直接手に取って見ることを想定していない**からです。

このようなことは介護施設に限らず、他でも見受けられます。例えば、介護用品や宅食サービスの案内パンフレットでも、機能や効果の説明ばかりが細かく書いてあったり、カタカナ語や専門用語が並んでいたりと、多くはシニアが読むことを想定してつくられていません。シニアのために、読んで説明する人向けにつくられていることが多いのです。

しかし、**実際に購買を判断・決定するのはシニア**になります。配偶者や子供など、身近な人が代わって判断する場合でも、実際にお金を支払うシニアにパンフレットを見せて意見を聞きます。したがって、シニア向けの商品のパンフレットは、シニアが直に手に取って、いいねと思ってもらえるものをつくらないといけません。

②実年齢から10歳下のイメージで

介護施設のパンフレットに、たくさんのシニアが談笑している写真を使うことがあります。お祭りや誕生日会などでシニアがたくさん写っている写真を載せることで、イベントが盛りだくさんであること、また明るい雰囲気の施設であることをアピールしています。

確かに、写真にはリアル感が伝わるメリットがあります。しかしながら、色合いや背景によっては意図したことと違ったものになることもあります。またリアル過ぎて、伝えたいことが伝わりにくくなることもあります。

というのも、シニアの場合、若い人と比べて表情が硬く、大声で笑うことが少なくなっているため笑顔が少なく、あまり楽しそうに見えないことも多いからです。

そこで、写真をイラストに替えることで、楽しさを伝える方法があります。**イラストは創作なので、アピールしたいイメージが伝わりやすくなる**のと、色合いや背景も思いどおりに表現できるので、シニアにやさしくやわらかい表現ができますし、見やすくすることができます。

また、吹き出しなどを効果的に入れることで、強調したい部分をわかりやすく伝えることができます。

写真を使う場合は、**ターゲットとなるシニアの実年齢から10歳引いたモデルを使う**ことをお勧めします。人は年を取ると自分の年齢を実際の年齢よりも低く感じる傾向があり、シニアの場合はそれが顕著だからです。

また、家具や電化製品などの商品を紹介する際に、合わせてライフスタイルを提案する場合にも、シニアの実年齢から10歳引いたイメージで伝えると伝わりやすくなります。

なお、女性のシニアをターゲットとした商品説明の場合は、夫婦ではなく**独身の女性をイメージする**ほうが無難です。男性のシニアと比べて女性の場合は、平均寿命の違いもあって配偶者と離別している可能性が高いからです。

シニア向けWebサイトのつくり方

①一商品・一訴求でわかりやすく

シニア層でのインターネットの利用率が高まっています。しかし、シニア層のインターネット利用率は全世代で均一ではなく、**団塊の世代を中心に伸びている**点に留意する必要があります。団塊の世代とそれ以前の世代では、情報端末やインターネットなどの利用状況に格差があるのです。

そして今後は、前期高齢者は減少しますが、後期高齢者は増加します。したがって**インターネット通販のシニア市場は有望**であり、シニア向けの商品の品ぞろえやWebサイトの構築も団塊の世代をターゲットにすべきです。

しかしながら、アマゾンや楽天、ヤフーショッピングなどは非シニア層向けにつくられたサイトなので、現時点では使い慣れている団塊の世代であっても、徐々に年を取れば利用しづらくなります。したがって、今からこの層を取り込むことが、これからのシニア市場で伸びていくポイントになります。

ある福祉用具店の通販サイトの事例ですが、その通販サイトは品ぞろえが自慢で5000点以上の商品を一つのサイトで扱っていました。検索機能も充実しており、たくさんバナーを設けていたり、お勧めの商品を表示したりと、とてもしっかりしたＷｅｂサイトでした。

同店では商品点数が多いほうが選択肢が多いので、購買層に喜ばれると考えていたようでした。しかし、思ったように利用者は増えませんでした。

ところが、その福祉用具店のライバル店の通販サイトは順調に売上げを伸ばしていました。ライバル店は、福祉用品を**商品類型ごとに分けて、20程度の専用Ｗｅｂサイトを別々に**立ち上げていました。

トイレタリーであればトイレタリー、お風呂用品であればお風呂用品、靴であれば靴と、それぞれの専用のホームページをつくっていました。

専用ページではトップにバナーを貼り付け、お勧め商品をしっかりと展示していました。レイアウト、色合い、文字のフォントや大きさに工夫があり、とても見やすいページでした。ヤフーやグーグルのリンクをたどって、この専用ページに到達したシニアにとっては、とても選びやすいホームページだったわけです。

このような手間をわざわざかけた理由としては、ヤフーやグーグルなど検索エンジンの検索順位が上がり、サイトの評価が高まるといった理由もありますが、それ以外の理由もあります。

それは、**専用ページを設けることで、シニアにとって選びやすくなる**ということです。専用ペー

年齢階層別インターネット利用率

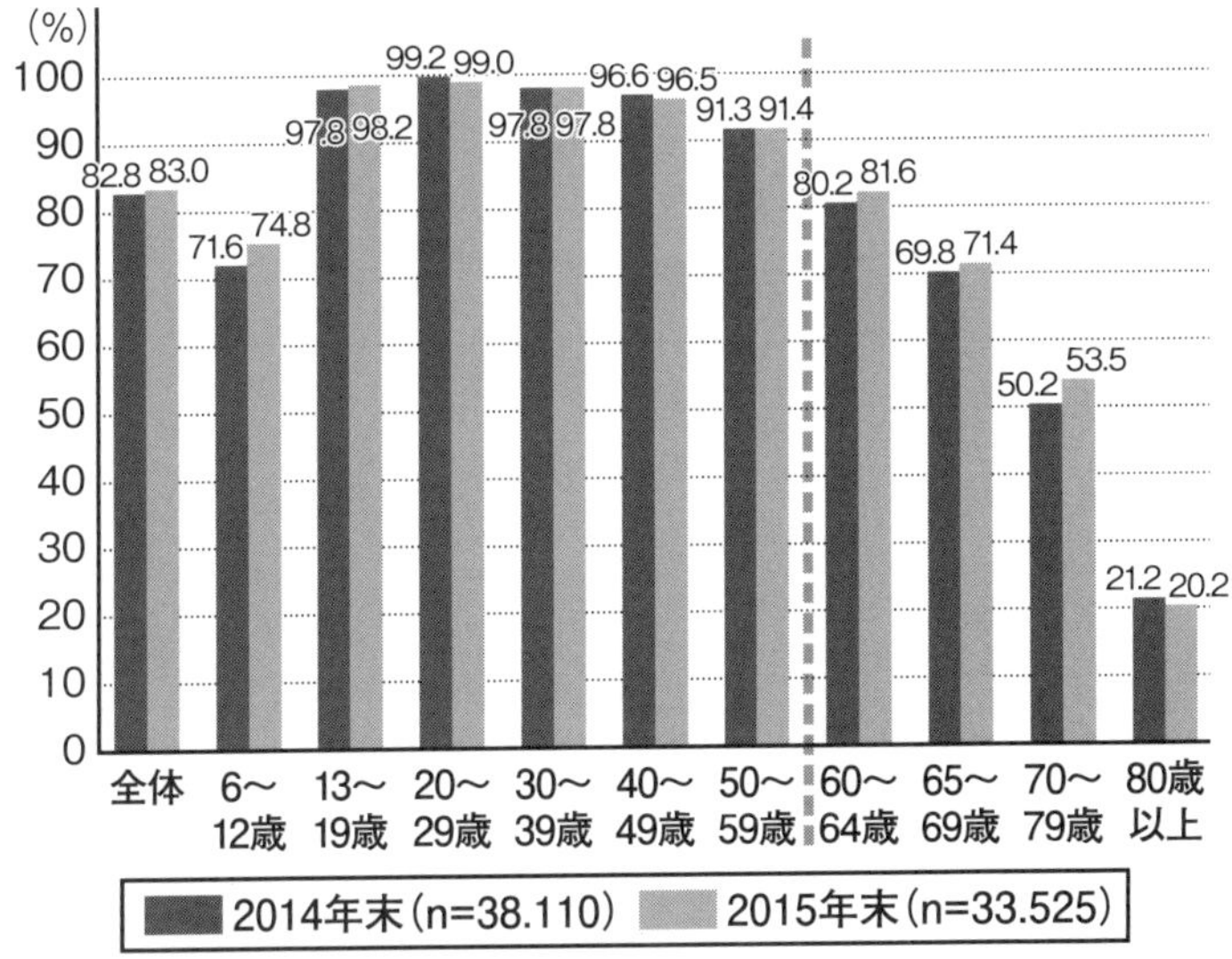

(出典:総務省「情報通信白書(平成28年版)」)

ジ内であれば商品検索も容易ですし、FAQや商品説明も充実します。

シニアはタイピングが苦手であったり、細かい文字が読めなかったりするので、アマゾンや楽天、ヤフーショッピングなどで他の商品群から目的の商品を選ぶことが難しくなるのです。

インターネットに慣れていれば的確な検索ワードで商品を見つけることも可能ですが、そうでないとなかなか目的の商品がヒットしない可能性も高く、それだけストレスになります。

そこで、むしろ**検索しないでも、商品が見つけられるような動線を設計すべき**です。

福祉用具だけでなく、アンチエイジングの化粧品やサプリメントなどでも同様であり、

「更年期障害」「女性の年齢特有の悩み」「ホルモンバランス」といったテーマ性や商品のストーリー性も、商品類型ごとにＷｅｂサイトを構築するほうが伝わりやすくなります。

商品がたくさん並ぶと、顧客はそれだけ悩むことになりますし、情報量が多すぎると商品のよさも伝わりにくくなります。

一商品につき、訴求する付加価値も一つにするほうが的確に伝わります。

シニアは安さだけでなく、わかりやすさでも選ぶので、選びやすいサイトを構築することが必要になります。シニア向けＷｅｂサイトは商品類型ごとに構築し、一商品・一訴求でわかりやすくすべきです。

なお団塊の世代は、親世代の介護を担っていることも多いので、その親世代を意識した商品ラインナップも有効になります。

②商品説明より必要な今すぐ

シニア向けの通販サイトをつくるうえで欠かせないこととして、**電話番号をＷｅｂサイトに記載する**ことが挙げられます。通常の電話番号よりフリーダイヤルのほうが好ましいですし、見つけやすいようにヘッダーに問い合わせ先として明示するとよいでしょう。

理由としては、電話番号もないようなＷｅｂサイトは信頼性が低いということもありますが、シニアは**電話でオペレーターから直接説明を受けるほうが安心する**からです。

お店としては、受注窓口として電話のオペレーターをスタンバイさせるのは、人件費が余分にかかるので避けたいところですが、シニアはWebサイトの情報だけで購買を決断するのは難しいと考えるべきです。

また、通販サイトの会員登録などの入力フォームは、キーボード操作が苦手なシニアには負担になりますし、エラー表示が出ると、それだけで苦痛を感じます。IDパスワードが増えると、管理することも難しくなります。

会員登録せずに購入できる選択肢を用意し、クレジットカードでの決済まで電話でできるようにすると、さらにシニアの利便性は高まります。

電話では、シニアの利便性だけでなく、お店から購入後に、商品の効果や使用後の調子について、**カウンセリング名目での営業電話もできる**ので、お店にとってもメリットがあります。

したがって、**コールセンターの接客力を強化する**ことは、シニア向けの通販サイトにとって欠かせないので、対応が親切でない、電話がつながらないといったことがないようにしなければなりません。

ところで、シニアはWebサイトに訪問した際に、一目で欲しい情報が見つからないと、スクロール操作することなくWebサイトから離脱することもあります。

したがって、**表示される情報は固定する**のが望ましいでしょう。

例えば、マウス操作に応じて動くプルダウンメニュー、自動で動くカルーセルメニュー、ローテーションバナーなども利用しないほうがよいと言えます。フラッシュプレーヤーのように、閲覧のために特定のアプリケーションをインストールする設計も、不要にシニアを混乱させるので避けることです。

また、なるべくリンク先を別ウィンドウで表示しないことです。ウィンドウが複数になると情報の多さに混乱したり、表示が変わったことに気づかないこともあり、シニアによっては、エクスプローラーの「戻る」ボタンを使い慣れていることもあるからです。

同じウィンドウのままのほうが、Ｗｅｂサイトの回遊率が高まるので、別ウィンドウは好ましくないと考えるべきです。ポップアップについても同様です。

このように、シニア向けのＷｅｂサイトの構築にあたっては、動きを少なくして見やすくすることと、電話受付をすることを意識することです。

簡単なようで、こうしたことが徹底されているＷｅｂサイトを見かけることは少ないので、これだけでもライバルと差がつけられます。

5章の POINT

①シニアを引きつけるには15秒以上必要である

② POPは情報量を少なくする

③シニアには真っ先に声かけをして、関係性を築く

④シニアが集うところで集客する

⑤販促物は実際に判断するシニアに向けてつくる

⑥シニアは自分の年齢を実際より10歳下だと思っている

⑦ネット通販は電話で受け付けられるようにする

⑧ Webサイトは動きを少なくして見やすくする

6章

シニアの心をわしづかみにするコミュニケーション法

1 ヘルパーから学ぶ接客マインド

訪問介護という仕事

①一人ひとりを大切にする

訪問介護は、もっともシニアと深い関わりを持つ仕事の一つです。

訪問介護は、シニア宅を訪問します。シニア宅はシニアにとって「わが城」であって、介護施設とは違い、自らが主（あるじ）です。そのため施設介護と異なり、ヘルパーにはシニアに喜ばれる接客力が問われます。

実際に、訪問介護でのシニアからの苦情では、ヘルパーのちょっとした言葉づかいに腹が立ったといったものが多く、他の多くの接客業よりも気を使う仕事になります。

介護保険を利用されているシニアは何らかの疾患を抱えており、日常の生活に不安や不満を持っています。そのためヘルパーは、他の仕事と比べて、**シニアの気持ちに寄り添う接客力**がないと務まりません。

では、そのヘルパーの接客マインドとは、どのようなものでしょうか。介護業界でも定説はないのですが、私なりに感じることがあります。

まずは、とにかく**一人ひとりのシニアをよく知ること、または知ろうとすること**です。

シニアにはそれぞれ長い人生があり、それぞれの人がストーリーを持っています。シニアは何らかの形でそれを他の人に伝えたいと思っています。説教をするとかではなく、自分たちが若かった頃の話をするときもあれば、テレビで流れているニュースを見ながら、昔を振り返って自らの話をすることもあります。

このような場合に、軽く聞き流してしまうと、シニアは自分が馬鹿にされていると思い、苦情につながります。

訪問介護は、おおよそ1時間という限られた時間のなかで、食事・入浴・排泄介助や家事手伝いなどのサービスを提供するので、忙しくて実際にはきちんと話を聞く時間はありません。しかし、接客力のあるヘルパーは常に身体を動かしながらも、シニアが話すことに耳を傾けています。それだけでなく、シニアが話しやすいように声かけをしたり、あいづちを打ったりします。

聞こうとする姿勢があれば、忙しくても話を聞くことはできるのです。

しかしながら、シニアを怒らせるヘルパーは往々にして、自分の話ばかりをして、相手の話を聞かないことが多いのです。本人なりに気を使って、シニアを楽しませようとしているのですが、逆にそれがシニアにとって不快に感じられるのです。

また接客力のないヘルパーは、シニアをひとくくりにして、相手のことを知っているような口をきいたり、自分の体験に照らし合わせて理解しようとしたりします。ヘルパーがこのような態度を取ると、すぐにヘルパーの非礼がシニアに伝わり、相手は怒ってしまいます。

とにかく、シニアが何を話したいのか、**その人が話したいように、ヘルパーは寄り添って聞く**ことができないと、訪問介護は務まりません。

②想像力を働かせる

次に、想像力を働かせることが大切です。シニアが伝えようとしていることの半分しか理解できなかったとしても、ヘルパーとしては残りの半分も理解しようと、想像力を働かせることです。

これは、私が実際に現場で見た、認知症を患っているシニアのAさんとヘルパーの対応事例です。

Aさんは認知症が進行しており、耳も遠く声もこもっているので、何を言っているのかなかなかわかりにくく、ヘルパーにとっては意思疎通がとても難しい方でした。ところが、あるヘルパーはAさんと、「うんうん、そうですね」と楽しく会話をしていました。

私にはとても不思議だったので、あるときにそのヘルパーに、本当に話の内容がわかっているのか尋ねました。すると、「ほとんどわかりませんよ」との答えが返ってきました。

つづけて「先ほど、Aさんは初め、室内が暑いとおっしゃっていたのですが、だんだんと何の話をしているのかわからなくなって、それでも話を合わせているうちに、Aさんはなぜか納得してくださいました」とのことでした。

実際に、認知症の方は、話をしている途中で何の話をしていたのか忘れてしまうことが多々あります。しかしながら、何かを伝えたい気持ちははっきりと持っています。ヘルパーは、シニアの言いたいことが何かわからなくても、**漠然とした相手の気持ちを汲み取る**ことができないと務まらないのです。

ところが接客力のないヘルパーは、自分が理解した半分だけですべてを判断してしまいます。半分でも、シニアが言ったことにしたがって行動すれば問題ないようにも思えるのですが、実際にはシニアから、「こちらの気持ちを理解してくれない。あのヘルパーは冷たい人だ」といった苦情が上がってくることがあるのです。

このことから何がわかるのかと言うと、シニアの話を半分ほど理解したとして、その半分で判断して回答してはいけないということです。**何を言っていたのかわからない、残りの半分も理解しようと努めなければいけない**ということです。また、シニアが話す気がなくならないよう、シニアの話をさえぎってはならず、何度も聞き返すのもいけません。

私の心証ですが、ヘルパーのなかでも、利用者の話のうち、わからない半分について何とかかわろうとする人は、利用者からとても信頼されています。逆に、わかった部分のみで判断する人は、シニアの信頼を勝ち取ることができません。

ヘルパーの優れた接客力とは、シニアの話が100％わからなかったとしても、わかった部分だけでなく、**わからない部分も理解しようと努める、誠意ある姿勢**にこそあります。

自分でしたい気持ちとしたくない気持ち

①やったつもりを嫌うシニア

接客商売では、**お客様の要望と店員の想定しているサービス品質では差が生じる**ことがあります。私自身も接客対応することがあるので、これは経験則として正しいと思います。とくにシニアに対する接客では、気をつける必要があります。

以前、私が訪問したシニア宅で掃除をしたときのことです。その方は足腰が不自由で自立できなかったので、居室の椅子に座ったままでした。

その方からベランダを掃除して欲しいとの要望があり、指示にしたがって掃除をすることになりました。その方は居室にいたため、私が掃除するところを見ていなかったので、終わった後にベランダの状態を確認してもらい、了解してもらいました。

ところが後日、その方から、私が指示にしたがって掃除をしなかったという苦情が入りました。私がそのシニアの視界に入っていないところで動いていたので、指示にしたがっていないと思われたのです。

私がその方を不快にさせた原因は、私がシニアのできることを軽んじたことにあります。また、決定権はシニアにあるので、ただ指示にしたがえばよいと勘違いした私に非があります。

私は、シニアに車椅子にでも座ってもらい、ベランダで**シニアの指示にしたがっていっしょに掃除をしなければならなかった**のです。

このように、自分なりにやったつもりでいると、思わぬ苦情となることがあります。シニアのできること、できないことを踏まえて、**シニアができるようにお手伝いをすべきであり、決して代わってやらない**ことが大切になります。

また、シニアの要望とサービス品質に差を生じさせないようにするには、シニアに、**すべてやってもらえると勘違いさせない**ことも必要です。

ところで、このことはお店の接客でも同じことが言えます。

車椅子に乗ったシニアが家族とともに飲食店に来たときのことです。店員はテーブルの椅子を一つ除けて、車椅子が入れるスペースをつくりました。しかし、そのシニアとしては家族といっしょに同じ椅子に座りたかったので、とても残念な気持ちになりました。

店員としては、車椅子のままにするか、テーブルの椅子に移りたいのかを確認する必要があったのです。

シニアによっては、移動の際に足元がふらつくことがあるので車椅子を利用しているだけで、立って歩くことや、自分で車椅子から他の椅子に移ることができる人もいます。

車椅子を使用していないシニアであれば、シニアが座りやすいように椅子を引き、座るまでもてなします。それは車椅子に乗っているシニアでも変わりません。**わからないから、面倒だからといって、シニアの心に寄り添わずに接客してはならない**のです。

なお、帰りのタクシーを呼ぶことや、顧客の荷物を持つなどの付随するサービスについては、シニアに代わって行なってもかまいません。むしろ親切なもてなしであり、シニアを感動させることもあります。

②シニアを癒した魔法の小指

シニアが自分でしたいと思ったとしても、身体機能が衰えていて、実際にはできない場合はどのように対応すればよいのでしょうか。

あるシニアの事例です。その方は脚を骨折したので入院しました。

骨もくっつき、症状も和らいできたので、病院としてもこれ以上の痛み止めの投薬は身体によくないと考えていました。ところがその方は身体が痛いと感じていたので、痛み止めの座薬の注入を求めました。

座薬は劇薬なので病院としても過度に投薬することができず困っていたので、代わりに看護師は小指をお尻の穴に入れました。するとその方は、それで安心したらしく、痛みもすっかり治まったようでした。

私はこの話を聞いて、本当にプラシーボ効果というものがあるのだと思いました。プラシーボ効果とは、「薬効成分を含まないプラセボ（偽薬）を薬だと偽って投与された場合に、患者の病状が良好に向かってしまうという治療効果」を言います。シニアは健康に対して意識が強いため、プラシーボ効果も高いのです。

またあるシニアは、寝たきり状態で排尿障害があり、尿意を感じませんでした。しかし、本人はどうしてもトイレで用を足したいという気持ちがありました。

このような場合、**介護では可能な限り本人の意思に寄り添い**、トイレ介助を行ないますし、少しでもよくなるよう本人の努力を否定しません。

ところで、シニアは年を重ねるほど、できることが少なくなります。

そのため、シニアは介護予防や健康予防について関心が高い人が多いのです。しかし、運動によるリハビリテーションはそれなりに負荷がかかるので疲れますし、必ずしも効果が現われるものではありません。

このような場合、たとえできなくても、本人が主観的にできたと思えばそれで十分です。大切なことは、**その人らしく生きていくこと**です。介護する側は、本人が満足するように関わることが必要なのです。

2 シニアに伝わるコミュニケーション技法

シニアに届く声とはどのようなものか

①ドレミファソラシドの「ファ」と「ラ」

加齢とともに聴覚は衰え、高音と子音が聞こえにくくなります。

60歳以上になると、低い音（500hz）と比べて、高い音（2000hz）は、1.5倍以上の音量がないと聞こえないと言われています。インターホンの電子音は聞こえにくいですし、若い女性の声は、男性の1.5倍の音量がないと聞こえにくいのです。

また難聴が進むと、高い音は小さいときは聞こえにくいのですが、大きくなると突然、耳鳴りのように痛いほどの音になります（リクルートメント現象）。

シニアによっては、子供のはしゃぎ声や犬の鳴き声が、過剰なまでに不快に思われることもあります。

さらに、シニアは音を聞き分ける能力が衰えるので、店舗内でＢＧＭが流れていると、店員の声が聞こえにくくなります。補聴器をつけている人の場合はなおさらです。

たまに、屋内のように音が反響する場所で、ＢＧＭが流れているために、耳の遠いシニアに女性店員が聞こえるようにと甲高い声で話しかけている場面を見かけますが、シニアにとっては苦痛を感じます。こうした場所ではＢＧＭを止めて、やさしく話しかけるべきです。

ところで、シニアにはどのような声で話をすれば聞こえやすいのでしょうか。

まず、声のトーンを調整することです。私がお勧めするのは、ドレミファソラシドの音階のうち**男性は「ラ」、女性は「ファ」で話をする**ことです。

また男性の声は低いため暗い感じがするので、明るく話すことです。女性の声は高いためきつく感じられるので、落とし気味に話すことです。

私が参考にしているのは、ナレーターの下條アトムさんの声です。かつて「世界ウルルン滞在記」のナレーションを担当されていました。

下條アトムさんのナレーションの素晴らしい点は、**低い声でゆっくりと抑揚をつけ、語尾を強く話されていた**ことです。また、「今日の」「体調は」「いかがですか?」というように、単語で区切りながら話されていたので、声のトーンがとても伝わりやすいと思いました。

もちろん声には個人差があります。下條アトムさんのような声の出し方を参考に、シニアに伝わりやすい声を考えてみるとよいでしょう。

さらに、声だけでなく、**シニアと正面から話す**ことも大切です。声は拡散するので、シニアの注意を向けさせる必要があるからです。

口の動きを大きく見せたり、身振り手振りで、多少なりともオーバーアクションでないと、喜怒哀楽が伝わりにくいこともあります。

相手と同じスピードで話すこともポイントになります。

このように、シニアと話すときはシニアにとって聞こえやすいかどうか意識することが大切になります。

②オウム返しの妙技

シニアの多くは話すことが好きです。しかしシニアは、声を出す声帯や声を出すための腹や胸の筋肉が衰えるので、声が出にくくなり、また聞こえにくくなります。したがって、シニアとの会話では**傾聴する**ことが大切です。

傾聴とは、辞書的な意味では「熱心に聞くこと」ですが、これでは抽象的です。私は、**相手の言動を、尊敬の念を持ってありのままに理解しようと努める**ことだと考えています。具体的には、シニアとの会話では、次のことを心に留めて聞くようにしています。

【事例】シニアの言葉をオウム返しする

シニア　「昨日、玄関で転んで腰を打ってね。朝起きたらとても痛いの」

私　「転倒されて、腰が痛いのですね」

シニア　「そうなのよ。とっても痛いのよ。だから……」

まずは、こちらの口は一つ、耳は五つくらいの配分で、**シニアに多くを話してもらう**ことです。教えを乞う姿勢を示すと、シニアも話しやすくなります。また、シニアの話がわからなくても、**なるべく聞き返さないこと**です。聞き返すと、シニアは徐々に話す気がなくなります。

次に、相手の話を聞いていることを、話の合間に伝えることです。簡単なあいづちを打つのもいいのですが、できれば相手の話したことを**そのままオウム返しするか、要点をまとめて返事をする**ことです。

三つ目として、シニアの話について質問をする場合は、「はい」か「いいえ」で答えられる**クローズド・クエスチョンを多用する**ことです。「はい」か「いいえ」で答えられないオープン・クエスチョンは、シニアがこちらの質問の意図を理解しない可能性が高く、会話が中断する恐れがあります。

四つ目として、シニアの話を聞くときには、**目線をシニアと同じ高さに合わせる**ことです。背の低い方であれば、こちらが腰を落としたり、車椅子の方であれば、膝を床に着けた姿勢で話を聞くことです。

もちろん目を合わせられないときもあります。そのときは、合わそうとする姿勢を示し、相手にこちらの表情が見えるようにすることです。

シニアは上を向くのが苦手なため、上からの目線は高圧的に感じられ、話を聞いてもらえていないように思われてしまいます。

ところで、シニアは昔話や自慢話、子供の話、ペットの話をよくします。しかし、とにかく長いことが多く、といって話の途中で腰を折られると不快になります。そこは辛抱強く可能な限りつき合うことです。

商売に支障が出るような場合は、時間を決めて、あらかじめ所用があることをシニアに事前に伝えておくとよいでしょう。

集会や講習会などで質問時間を設けると、延々と時間を無視して持論を述べるシニアがたまにいます。人の話をさえぎって話し出す人もいます。とくに男性に多いようです。他の方に迷惑なので話をストップさせたくても、怒り出すこともあるので、ジレンマに陥ります。

このようなケースで私がお勧めするのは、**他の参加者に話を振る**ことです。シニアの話を真っ向から受け止めるのではなく、他の参加者の意見を聞いてみるのです。

やってはいけないことは、シニアに自由に時間を与えて話させることです。このようなシニアは、話せばいったんは満足します。しかし、その満足は長くつづかず、少ししたらまた話し出します。

こうしたシニアは、とにかく自分の意見を言いたいので、他の参加者が見えていません。他の参加者に話を振ることで、**自分以外の人の存在を認識してもらう**ことです。

シニアの困りごとを先回りする

①銀行のコンシェルジュに学ぶ

スーパーやコンビニエンスストアには、金融機関のＡＴＭが設置されています。多くの人が買い物をするためにＡＴＭから現金を引き出していますが、シニアがＡＴＭを積極的に利用している姿はあまり見かけません。なぜでしょうか。

一つは、シニアは年金受給口座などがある、主として使う金融機関のＡＴＭ以外はあまり使わないからです。他のＡＴＭを利用すると手数料がかかることや、シニアは退職すると給料の入金がなくなるため、実際に使う口座が減ることにその理由があります。

また、お金を引き出す時期も決まっていることが多く、年金が入金されるのは偶数月の15日なので、それ以外のときにはあまり店舗内のＡＴＭを利用しません。記帳して残金を確認するのが習慣のシニアは、記帳できない他行のＡＴＭは利用しません。

二つ目は、店舗内のＡＴＭには専門の職員（コンシェルジュ）が配置されていないからです。シニアの中には、ＡＴＭの操作方法がわからない方や、指の動きがうまくいかず誤操作が発生するために、わずらわしく思われる方もいます。そのときに銀行のようにコンシェルジュがいれば、

ＡＴＭの操作を手伝ってくれるので、安心してＡＴＭを利用できます。

私が銀行のＡＴＭで並んでいたときに見た、いくつかのケースを紹介しましょう。

あるシニアは、操作方法にしどろもどろになりながら、コンシェルジュを呼んで、一つひとつの操作を聞きながら、あれやこれや悩んで、やっとお金を引き出すことができました。

あるシニアは、「私の暗証番号は何番ですか」とおもむろにコンシェルジュに聞きました。

他のケースですと、「私の口座にお金が入っていないのだけど、なぜですか」とコンシェルジュに聞いているシニアもいました。

戦前世代の方のなかには、窓口で通帳と届出印でお金の払い戻しを受ける習慣が残っている方がいることもあって、たまにこうした場面に出くわすことがあります。

このようなケースで、シニアはコンシェルジュが配置されていると安心するのです。

ところで、シニアはコンシェルジュに暗証番号まで伝えることがあります。どうしてシニアは、コンシェルジュにそこまでの信頼をおいているのでしょうか。そこには次ページ表のようなポイントがあります。

これらのポイントは私たちにとっても、シニアの方の信頼を得るための参考になるでしょう。

ａとｂについては、男性と比べて中高年の女性のほうが安心できますし、いつもと変わらない

【ポイント】銀行のコンシェルジュに学ぶ

a　コンシェルジュに中高年の女性を配置していること

b　いつも同じコンシェルジュを配置していること

c　シニアが入店した時点でコンシェルジュが一度は声かけをしていること

d　シニアが困っていると感じたら、シニアがコンシェルジュを呼ぶ前に即座に声かけをしていること

e　なるべく同じ目線に合わせて、正対せず控えめに接していること

f　シニアの話を傾聴して、聞き終えてから操作方法を伝えていること

g　周囲の顧客にも気配りができること

人が担当していれば、人の顔を覚えるのが苦手なシニアでも徐々に覚えられます。

cは、とても大切なことです。シニアが入店したときに、コンシェルジュが一言、「いらっしゃいませ」と声かけをすることで、シニアの注意を喚起できます。すると、dでシニアがATM操作で困っているときに声かけがしやすくなります。

このように、**シニアが困ることを想定して、あらかじめお店の担当者を配置しておく**ことが有効です。

②生々しい口コミの利用方法

人が買い物をするうえでは、口コミが大きな役割をはたしています。

知人や友人に勧められたり、インターネットの口コミ・サイトで情報を得ることで、人は購買に向けて後押しされることがあります。初めて買う商品についての情報を知ったとしても、その情報が正しいかどうか

確信が持てない場合には、口コミによって購買することを決心する、裏づけ証拠として機能します。

しかしシニアの場合は情報源が少ないので、多くの口コミを知ってから購買を決めるということは少ないです。ではシニアの場合には、どのようなときに口コミが機能するのでしょうか。

ある介護施設での事例です。その介護施設に、福祉用具店の相談員が介護靴を届けに来たときのことです。

介護靴の利用者が、靴がとても履きやすかったと絶賛すると、横に座っていたシニアが、「私も欲しい」と言い出しました。すると、さらにその横の人も「欲しい」と言い出しました。

シニアの場合、情報源が少ないので、口コミの内容よりも、誰が言ったのかという点が信頼のポイントになります。**身近な人の口コミほど購買意欲を高める**のです。

例えば、小売店の店員がシニアに商品を勧める場合に、「とてもいいですよ。私も使っています」と言えば、商品の購入を迷っているシニアを後押しすることになります。それが店員向けの商品でなければ、親族や知人が使っていると伝えると効果的です。**口コミの信頼性は使った感想にあるからです。**

もっとも、シニアに響く口コミの内容は何でもよいわけではなく、**商品・サービスの機能性や利便性**が強い訴求力を持ちます。なぜなら、自分が使えるか、自分に合うのか、という点が大きな関心事になるからです。

したがって、「おしゃれな靴」よりも「軽くて履きやすい靴」、「料理がとてもおいしいお店」よりも「ゆったりできるお店」、「よい匂いのする石鹸」よりも「肌にやさしい石鹸」といった口コミのほうが強い訴求力があります。

とくにサプリメントのように、健康への欲求を飲むだけで叶えてくれるような手軽な商品ほど、シニアにとっては口コミが強い効果をもたらします。

さらに、シニアに商品を手に取ってもらえれば、購入への後押しになります。店員による商品のうんちくや説明は、理解してもらうまでに時間がかかりますが、商品の機能性は手に取ってもらうことで実感できることがあるからです。

最近では、よくフェイスブック広告などで、「知人が×××に『いいね!』しました」と表示されますが、それと同じで、シニアにとっては近しい人から直に聞く生々しい口コミが有効なのです。

6章の POINT

①シニアの一人ひとりを大切にする

②シニアの話はあまりわからなくても、想像力を持って理解しようとする

③やってやったという気持ちはシニアに簡単に伝わり、不快にさせる原因になる

④シニアにはやさしく話しかける

⑤傾聴のポイントは、要約して返事を返すことにある

⑥口コミの基本は「私も使っています」

7章

シニアのクレームをなくす！

1 シニアとの意識のズレはどうして起こるのか

シニアの世直しは理不尽か

①なぜシニアはキレるのか？

小売店や飲食店にとってクレーマー対策は重要です。近頃はシニアのクレーマーが増えており、店員としてはとても気を使うところです。通常どおりに対応したはずなのに、シニアから理不尽なクレームをつけられることもあります。

私もたまに飲食店などで、周囲に聞こえるほど語気を強め、横柄な態度で若い店員に執拗にお店のクレームを言っているシニアを見かけることがあります。

「冷房が強すぎて風邪を引いた。治療代を払え！」

「（注文した料理が出てこないので）いつまで待たせるんだ！　俺の時間と金を返せ！」

「（洋服の量販店で色やサイズがないときに）お客を軽視しているからだ。今すぐにでも何とかして持ってこい！」

「(お店側が値段をまけてくれないので) 私はお金が惜しいのではない！ そっちの誠意を見せろと言っているんだ！」

など、信じられないようなクレームも少なくありません。

クレームはだんだんとエスカレートして、金額に見合わないサービスを要求したり、店員の言葉づかいや接客態度にダメ出ししたり、高級店並みの顧客対応を求めたりすることもあります。

端から見ると、とても身勝手な論理を振りかざしているのですが、シニアは**クレームをつけることが、店員やお店、ひいては世の中のためになると自己正当化している**こともあります。

とくに団塊の世代のシニアは、このようなクレームを発することが多いようです。

現役時代に企業戦士として活躍したという思いが引退後のむなしさを誘発し、そのむなしさを埋め合わせるために、クレームを通して社会や若い人を説教しているようにも思えます。決して金品をせしめようとしているわけではありません。


しかし、シニアのクレームは本当に理不尽なのか、はたしてシニアが一方的に不当な要求をしているのか、一考が必要です。

クレームは、商品・サービスの品質が、顧客の期待に応えていない場合に起きます。例えば、サービスを提供する側が、「この金額だから、この程度の接客で当然だ」と思っていて、顧客もそれを受け入れるべきだと勘違いしているケースがあります。

提供する側がそのような態度だと、程度の差こそあれ誰でもしゃくにさわります。とくにシニアは、脳機能の低下で怒りを制御する力も弱まっているため、**若い人より怒りの沸点が低い**傾向があります。さらに**社会人としての自負とこだわりがある**ため、困った老人扱いされ、軽んじられることにも敏感です。シニアは、クレーマーに転じやすいのです。

またシニアのビジネス感覚は、右肩上がりで経済成長をつづけていた頃の、よいものをつくればそれだけ売れた時代にあり、「お客様は神様」という意識を持っています。そのため非シニア層とは、サービスに関する意識に大きな差があります。

誰しもクレームの基準となる期待値は自分本位です。シニアの「(品質について)普通はそうだろう」という普通の基準は「現在」ではなく、シニアが現役であった「昔」であることから、シニアの言い分は自分勝手で説教じみて聞こえるのです。

言葉づかいであったり、気づかいであったり、いただいた金額のなかでできることはたくさんありますし、客商売であれば品質の向上を心がけるべきです。

今は昔と比べて、その当たり前が失われています。シニアは、決して赤の他人である店員やお店、世の中のために主張しているわけではなく、**昔であれば当たり前であったことが理解されない**ことに腹を立て、怒りの沸点が低いためにエスカレートして、法外に聞こえる要求をしているだけなのです。

【例】シニアのクレームへの対応

申し訳ございませんでした。私の非礼がお客様の心情に差しさわり、大変失礼いたしました。また、大変貴重なご叱責をいただき、ありがとうございます。私が気づかなければ、その他のお客様にもご迷惑をおかけするところでした。

今後はこのようなことがないよう気をつけてまいります。今後ともよろしくお願い申し上げます。

②シニアのクレームに対応する方法

シニアのクレームに対応する方法としては、一つは、**シニアが想定している以上に上品な謝罪をする**ことです。

経済的に出費をともなう謝罪ではありません。シニアが法外な要求をする場合には、丁重に断ったうえで、話をよく聞くことです。

シニアのクレーマーは話の腰を折ると簡単にキレるので、まずシニアの話を傾聴します。そして、クレームを貴重な意見として誠心誠意受け止め、上のように礼儀正しく返答をすることで、シニアを満足させるということです。

もう一つは、上司が対応することです。

介護業界はクレーム業界です。使い古した靴下が一つでもなくなればそれだけでクレームになり、シニアの落ち度だったとしても、それが介護施設内で起これば事業者側の責任になります。

またシニアに買い物を頼まれ、近所のスーパーで買いに行ったときに、数円でも高ければ、クレームになることがあります。

シニアの勘違いやもの忘れによってもクレームになりますし、単純に介護職員が気に入らないという理由だけでもクレームになります。

一般的な業界であれば、謝罪や返品に応じるなどの対応をすれば済むことでも、介護事業の場合はそれでは済みません。

介護事業は市町村や都道府県の監督を受けるため、事業所内に苦情委員会や外部の第三者委員会の設置が義務づけられ、市町村や都道府県の介護保険課や国民健康保険団体連合会の窓口にクレームが通報されることもあります。

行政は市民に対して及び腰なので、クレームはサービス品質を見直すための最良のものと捉えられ、理不尽なクレームであっても、クレームになるのは何がしかの原因が事業者側にあると判断されます。つまり、シニアが黒と言えば黒になってしまう業界なのです。

そのため、**クレームを受け取った場合は、全社的に処理する**ことが求められます。したがって、クレームとなった場合は、だいたいは上司が左ページのような対応をすることになります。

上司が対応するメリットとしては、シニアとしてはクレームを正式に受け取ってもらえたように考えますし、クレームの元となった介護職員が叱責されることを期待するので、クレームが多少なりとも収まることです。

シニアのクレーマーに対しては、法外な要求を飲むのではなく、気分を害することとなった原

【例】上司のクレーム対応

従業員の教育が行き届いておらず、お客様を不快にさせて、大変申し訳ございませんでした。

あの者は、まだ経験が浅く、ご迷惑をおかけして誠に申し訳ございません。よく言い聞かせるとともに、しっかり指導してまいります。今後は、従業員教育を含めて社員一丸となってサービスの質の向上に努めてまいります。お忙しいところ、お時間を取らせてしまい大変恐縮です。

また、後日弊社の対応について、ご連絡を差し上げたいので、ご連絡先をお教え願えますでしょうか。

今後ともよろしくお願い申し上げます。

因について**ていねいに謝罪し、組織的にフィードバックすることを明示する**ことで、大抵は収まります。
もっとも、そのクレームがサービス品質の改善に役立つかどうかは別問題なので、どこまで対応するかは検討が必要です。
上のように**わざわざ連絡先を聞く**理由は、シニアから「そこまでは必要ない」「名乗るほどの者ではない」などと返答があれば、クレーム対応が一段落した証になるからです。

シニアとの消費者トラブルはなぜ起こる?

①話の内容がわからなくても話を合わせようとするシニア

ニュースで、振込め詐欺やシニア宅への押し売りといった、相手の弱点に乗じた悪質なケースを見かけることが増えた一方で、最近では、日常のスーパーやコンビニエンスストアなどの買い物の場面で、シニアとの消費者トラブルを見かけることがあります。

消費者トラブルになると、お店にとっては返品・返金だけで済む問題ではなく、クレームにもなり、SNSなどを通して風評被害にもつながる可能性があります。

これからは、ますますシニアが増えるので、消費者トラブルも増え、**お店としてもきちんと対応する体制づくりが必要**となります。

ところで、メディアでよく取り上げられるのは、将来に不安を抱えていたり、人とのつながりが希薄になって孤独感を持っているシニアに対して、悪質な業者が言葉巧みにこれらの不安をあおり、親切めかして信用させて、高額な商品を買わせるといったケースです。

しかしながら一般的なお店では、シニアに無理矢理売ろうとすることは少なく、むしろ意図せずに消費者トラブルに発展するケースが多いのです。

では、どうしてお店側が意図していないのにシニアと消費者トラブルになるのでしょうか。私が体験した一つの事例があります。

左上は、私とある女性シニアとの会話です。当時、韓国で感染症のMERS（マーズ）が流行していた時期で、連日マスコミで取り上げられていました。

私と女性シニアとの会話

私　「（女性のシニアとテレビでニュースを見ながら）韓国でマーズって流行ってますよね？　どこのチャンネルを見てもこの話題ばかりですよね」

シニア　「そうでしょう、イケメン・グループでしょう？　かっこいいよね！」

私　「……？」

このシニアの女性は、韓流が大好きで、韓国アイドルの熱狂的なファンでもありました。

私　「そうですね。とても流行っていますね。この勢いだと全世界でも流行るかもしれませんよ」

シニア　「ねえ、すごいね！」

少しブラックな会話でしたが、実際にあったケースです。

このことから何がわかるかというと、**シニアは話の内容がわからなくても話を合わせようとする**という点です。とくに、この女性のシニアのように、自分が興味があることであれば、なおさらです。

お店でのシニアとの接客場面だと、店員が品物を一所懸命に説明します。するとシニアは何とか理解しようとしますが、理解できません。でも、理解できないと見られないように、わかったふりをします。その結果、店員側は**シニアが納得しているものと勘違いして、シニアが欲しくない品物を売ってしまう**のです。

話の内容がわからなくても、相手に合わせて話を聞くという習性は、シニアに特異なことではなくて、非シニアであっても、ついあいづちを打ったり、返事をしたり、相手を理解しているふりをすることがあります。ただ、非シニアの場合だと、会話の途中で理解することができますし、わからなければ聞き返すこともできます。

シニアの場合は、会話のスピードについていけないことも多くなるので、非シニアと比べてよりこの傾向が強まります。そのため、店員の説明がわからないまま納得したふりをして、品物を買ってしまうことがあるのです。

②トラブルにならない接客の方法

では、お店側はどのように接客対応すればよいのでしょうか。

ポイントとしては、シニアが理解しやすい口調で話すことや、シニアが理解しているのかどうかを確認することもありますが、もっとも大切なことは、店員が、その品物が**本当にシニアにとって必要なのか、喜ばれるのかを考えて接客する**ことだと思います。

つまり、店員は**シニアの消費者トラブルは当たり前に起こるものだ**という認識を持って、シニアと接客する必要があります。品物を理解するだけでなく、シニアを理解したうえでの接客スキルが問われています。

具体的には、店員はシニアに一方的に話すのではなく、シニアの生活スタイルがどのようなものなのか、どのような事柄を不便に思っているのか、**その品物を必要とする理由を聞き出す**ことです。そのうえで、買ってもらおうと思う品物を提示し、使い方を説明し、できれば体験してもらい、その品物がシニアにとってどのような価値を持つのかを提案することです。

シニアが疑問や不安に感じていることに、時間をかけてできる限り答える誠実な対応が求められています。


もちろん、ここまでやっても消費者トラブルになるケースもまれにあります。私自身が見たケースだと、例えば、シニアの息子の嫁が口を出して、「お義母さん、何でそんな高い化粧品を買うのよ」と言い、お店に返品・返金を迫るような場合です。

そもそも、シニアが決めて買った品物に親族が口を出すこと自体がおかしいわけですが、シニアとしては同居してもらっていたりする場合などは、容易に反論することはできません。その結果、欲しくなかった品物を店側が売りつけたことになって、クレームとなるのです。

このような場合に、お店はどう対応すべきなのでしょうか。

この事例の場合は、化粧品はすでに使用されていたこともあって、店側はきちんと対応したことを息子の嫁に説明し、返品・返金を断りました。そして、今後の取引も断ったようです。

お店にとっては難しい判断でしょうが、お店側がシニアと十分にコミュニケーションを取っていると自信を持って言えるのであれば、**毅然とした対応を取る**ことが、これからの時代にとって重要だと思います。

2 店員の接客力を高める

シニアと商品・サービスを知る

①大根役者になりきる

シニアは勘違いをすることが往々にしてあります。短期記憶力の低下により、少し前に自分が言ったことや、やったことを忘れていたり、逆に相手が言ったことや、やったことを忘れたりします。そのため、言ったか言っていないか、やったかやっていないかで、相手ともめることがよくあります。

例えば、介護施設に入所されている認知症のシニアが、自分のものをどこかに置き忘れたにもかかわらず、介護職員が盗ったと主張するケースがあります。本人は、置き忘れた記憶がないので、盗まれたという妄想によって抜け落ちた記憶を埋めるわけで、本人にとっては事実です。

介護現場ではよくあることなので、この場合には介護職員もシニアといっしょになって、シニアが盗られたというものを探します。しかし、介護職員がそのものを見つけたとしても、決してシニアに見つけたことを悟られてはなりませんし、ましてや報告してもいけません。

一見すると、介護職員は冷たい人のように思えます。しかし、このケースで介護職員が見つけたことをシニアが気づいてしまうと、「お前が盗んだのだ！」と発見者の介護職員が盗人にされてしまうのです。

実際は、そのものは盗まれたわけではなく、認知症のためにシニアがどこにしまったのかを忘れただけなのですが、シニアの思い込みで介護職員が犯人にされるのです。

認知症の人の場合、短期記憶は残りにくいと言われていますが、**嫌なことは意外に覚えています**。「ものをどこかにしまい忘れた」ということは忘れて、「この人は嫌な人だ」という記憶だけが残ることが多いのです。すると次からは、その介護職員はこのシニアと関わることが難しくなります。

こういったケースは、認知症を患っていないシニアでも起こることがあります。私が実際に見たケースで、あるクリーニング店での出来事です。

シニアは店員の対応に、ものすごい剣幕で怒っています。

では左のケースで、店員はどのように対応すればよかったのでしょうか。

クリーニング店の店員とシニアの会話

シニア「この前、服をクリーニングに出したんだけど、まだ返ってこないのよ」

店　員「3日前に返しましたよ」

シニア「そんなことないわ!」

店　員「いいえ。お預かり票も受け取っていますので、きちんとお返ししていますよ」

シニア「あなた、私がウソをついていると言うの!」

ポイントは、店員が3日前に返していることを述べたときに、シニアが反発したところにあります。シニアが腹を立てていることを店員が察知して、**いったんはシニアの主張を受け止める**必要がありました。

店員は、「わかりました。では、ちょっと仕上がり品を確認して来ます」と言って、確認をすればよかったのです。それでも出てこない場合は、店員は笑顔で、「もう一度確認して来ます」と言って確認すれば済みます。

ここまですれば、シニアも納得して自宅に仕上がり品があるかどうかを確認するために、店を後にします。

こうした対応は、とくにシニアに限ったことではなく、営業マンが顧客から値下げ交渉を受けた場合に、とりあえず上司に確認したり、場合によっては「上司を説得する」と言って持ち帰ったりするケースでも見られます。

実際に上司に確認する、または説得するかどうかは重要ではなく、**パフォーマンスとして行なう**ことが重要なのです。

シニアを納得させるためには、店員は大根役者になりきる必要があります。

②「何でもいいよ」は「何でもよくない」

訪問介護の仕事は、シニアが本当に困っていることのお手伝いをすることです。料理、洗濯、掃除などの家事援助だけでなく、食事、入浴、排泄などの身体介護も行ないます。

このような仕事ですから、シニアからのヘルパーへの信頼は厚くなります。そのため、料理一つにしても、シニアから「あなたに任せた」と言われ、ヘルパーが適当につくるよう依頼されることもあります。

しかし、そうだからといって、ヘルパーが勝手につくっていいわけではありません。ヘルパーがシニアの身体の健康を考えて調理したとしても、「あのヘルパーは私に何も聞いてくれない」と言って、クレームになります。したがってヘルパーは、シニアにどんな料理をつくるか、確かめる必要があります。

ところが、こういうケースだと、シニアは「あなたに任せた」一点張りのことも多々あります。そのようなときでも、ヘルパーは冷蔵庫のなかにある食材を確認して、「こういった料理ができますよ」と逐一確認することが求められます。

任せられたとしても、**シニアに一つひとつ確認する姿勢**が信頼をさらに厚くしますし、確認をしなければ信頼を下げることになります。

【例】レストランでのシニアとの会話

店　員「何がよろしいですか」

私　　「メニューがここにありますよ」

シニア「私は何でもいいわ」

つまり、「あなたに任せた」という言葉は、シニアが単に面倒だからそう言っているだけで、あまり意味がありません。シニアはよく「任せた」という言葉を使いますが、そのとおりにすると、「あの人は何も聞いてくれない。自分で勝手に決めてしまう」と言い、クレームになります。理不尽な気もしますが、こうしたことはどのような人間関係でもあるような気がします。

私がガイドヘルパーとして、シニアと飲食店で食事したときの会話のケースが上にあります。

ここで、シニアの言うとおり、何でもいいからとにかく料理を選ぶということで、私が代わって適当に注文することはできません。シニアの意に沿わなかった場合は、もちろんお店も困りますし、私も困ります。

そこで、私の場合はお店のお勧めを聞いて、**シニアにお勧めでいいかどうかを確認する**ことにしています。シニアから返事をもらえれば、私自身の言い訳も立つからです。

ところで、どうしてシニアは他人に選択を委ねる返事をするのでしょうか。私がシニアに関わってきた経験からすると、「身体が不自由で行動範囲が狭い」「目が見えにくい」「耳が聞こえにくい」といった理由で、取捨選択するための情報量が少なく、判断能力も低下していることと相まって、**シニア自身が取捨選択することに戸惑いを感じている**からではないかと思います。

また、そのことを本能的に悟られたくないために、そのような返答をするのだと思います。

ところで、シニアとの消費者トラブルを回避するために、店員はどのように対応すべきでしょうか。私は、**時間をかける**ことだと思います。シニアは決して投げやりなわけではないので、時間をかけてシニアのニーズとマッチングさせることが求められています。

しかしながら、シニアのニーズを引き出すためには、店員の理解力がカギになります。その理解力とは、シニアを理解する力ではなく、**商品についての理解力**です。本当に、そのシニアに商品が合うのかどうかを考えるための、自店の商品についての深い理解力です。

シニアについての理解力は、本書に書いてあることくらいで足りますし、後はちょっとした想像力で補うことができます。シニアとの消費者トラブルをなくすには、**店員がシニアにとって必要な商品かどうかを店員自身が確認する**ことです。

少しでも**不安を感じることがあれば、時間をかけて解きほぐす**必要があります。シニアにとって不要に思える商品であれば、「どういう用途で使うのか」をシニアに尋ねればよいし、商品が高額でシニアの資力が気になるのであれば、「本当にその商品が必要なのか」、しっかり確かめればよいのです。

いずれにせよ、店員が余裕を持ってシニアと接し、店員が自店の商品について理解力を持ってシニアのニーズと合致するのかを考えることができれば、シニアとの消費者トラブルは軽減できます。

紙に書いてあるから起こるクレーム

①名刺を手渡すときには

私の失敗談です。あるシニアに名刺を手渡したときのことです。

私「(名刺を差し出して) 何かございましたら、この名刺の番号までお電話をおかけください」

ところが数週間ほどして、そのシニアの家族を介して、シニアが大変腹を立てているとの一報が入りました。私は慌てて、そのシニアの自宅に謝罪のために伺いました。

シニア「お前のところの会社は電話にも出ないのか? 何度も電話しているのに失礼な会社だ!」

まずは自分の携帯電話の履歴を確認しましたが、そのような連絡は一切ありませんでした。さらに部下にも確認したところ、会社にもそのような電話はなかったとのことでした。

しかし、そのシニアは何回も電話したと主張し、とにかく不可解でした。

1時間ほどシニアの話を聞いていると、シニアはおもむろに1枚の白い紙切れのメモ書きを私に差し出しました。

シニア「お前、わしは何度もここに電話したのに何で出ないのだ」

私がそのメモ書きを確認すると、そこにはまったく知らない電話番号が書いてありました。私が数週間前に手渡した名刺はどこにあるのか気になって部屋を見渡すと、戸棚に画鋲で刺してありました。

間違った番号に電話をかけていたわけですから、私の会社につながることはあり得ません。その後、いろいろと確認すると、どうやらそのメモ書きは、シニアが名刺の文字が読みにくいだろうということで、家族が名刺から書き写したものだとわかりました。しかしながら、書き写す際に電話番号を間違って記載していました。

この一件で気づいたことがあります。シニアは、**紙に書いてあるものを渡しても読まない**のです。では、どうしたらよいのでしょうか。ヒントは、私が前に受け取っていた介護業界の人の名刺にありました。

その名刺の裏面にはメモ欄があったのです。わざわざ電話番号を記載できるようにしていました。また裏面に電話番号を大きく書いたものも見かけました。このようにして、トラブルを回避していたのです。

美容院の予約票の例

悪い例　○月○日（○曜日）（午前）・午後

よい例　○月○日（○曜日）午前・~~午後~~

シニアの利用が多い病院でも同じ工夫を見かけることがあります。患者に診察室を順序よく移動してもらうために、目の前でフロア図にわざわざ矢印を書いて示す方法です。

コピーしたフロア図を単に手渡しても、そのフロア図が何のために渡されたのか気づかない場合や、フロア図のどこを読めばいいのかわからないことも多いので、筆談で説明するのです。そうすることで印象づけをしているのです。

一見するとアナログ的で非効率な気もしますが、実は合理的な方法なのです。

筆談は、大規模量販店内の案内でも利用することができます。また美容院が電話で予約を受けつけるときに連絡先を案内する場合や、小売店が商品説明をする場合にも利用することができます。コピーした書面に指をさして伝えるよりも効果的です。

なお、例えば美容院などで、予約を確定する際に手渡す用紙があります。そういった用紙に、あらかじめ午前と午後を選ぶ欄があったとき、店員は丸で囲むことがあります。しかしながら、シニアにとっては文字を丸で囲むと余計見にくくなります。むしろ選択しないほうに二重線またはバツを記入するほうが、見やすくなります。

②読まない？ 読めない？

外国人が日本に来て、ホームレスが新聞を読んでいるのを見て、とても驚いたという話を聞いたことがあります。

日本人の識字率は世界的に見て非常に高いので、文字が読めるということは当たり前のように思いがちですが、実際には個人の障害や受けた教育によって識字力は異なります。

私は福祉の仕事をしているので、知的障害や精神障害のある方以外でも、戦前世代のシニアに、たまに非識字（文字の読み書きができないこと）の方を見かけることがあります。

福祉行政は書面主義なので、行政に提出する書類がやたらと多く、シニアに書類を書いてもらわないといけないケースも多いのですが、面倒だからと言って半ば拒絶されることがあります。

確かに、そういった書類は漢字ばかりで読むのが一苦労なので、ソーシャルワークが専門の人であっても、つい「シニアは老眼のために読みにくいから、読まないのだ」と勘違いしてしまうこともあります。

しかし、なかには非識字の方もいます。そういった方もスポーツ新聞などを手にしていることもあるので、こちらも文字が読めるものと思い込んでしまいます。

さすがに、シニアに対して、「非識字ですか」とは失礼なので聞けません。ですが、非識字かどうかは自分の名前でも書いてもらえればわかります。

私は、書類作成の際は、余計な詮索はせずにていねいに説明することを心がけています。

また、サービス契約書に記入を求めるときは、紙を渡してシニアに記入を任せるのではなく、一つひとつの記入欄を指差して、具体的に記入する内容を伝えています。署名が必要であれば、具体的な空欄を指で指示します。

この方法は、生命保険会社や金融機関などの各種手続きで、書類が多すぎるときに担当者がていねいに一つひと教えてくれるのと同じです。シニアと契約する際の、手続きを円滑にする有効な手法です。

お店の対応では、戦前世代のシニアのなかには、まれに非識字の方がいることを心に留めておき、常にていねいな対応を心がければ十分です。

7章の POINT

①シニアがキレやすいのは、あなたが勘違いしている可能性もある

②シニアのクレームは全社の学びとして受け入れる

③シニアはわかっていなくても、相手と話を合わせようとするから、気をつける

④シニアのもの忘れは、指摘せず、気づかないふりをする

⑤シニアの「何でもいいよ」はあてにならない

⑥シニアに確実に覚えてもらうためには筆談を使う

⑦まれに文字が読めないシニアもいるので、気をつける

あとがき……非シニアがシニアを支え、シニアが非シニアを支える仕組みをつくりたい

本書を執筆するにあたって、私が今まで関わらせていただいたシニアのことを思い出しながら、介護が身近なものとして、本書を読む方々に伝わるよう心がけました。

ますます社会と疎遠になるシニアに、いかに必要なときに、必要な商品やサービスを届ける仕組みをつくるかが、これからの社会的な課題になります。

シニアは非シニアと違い、加齢現象によって買い物が難しくなります。他方で少子高齢化が進むと、非シニア層の消費市場が縮小し、シニア層の消費市場は拡大するので、小売業や飲食業、サービス業、住宅リフォーム業、製造業などの様々な企業は、シニア層の積極的な購買活動を期待します。このようにシニア層と非シニア層はお互いに必要としているからこそ、非シニアがシニアを支え、シニアが非シニアを支える仕組みをつくることが、日本の社会経済の発展にとって欠かせないのです。

本書が、非シニア層とシニア層にとって、より生活しやすい社会となるためにお役に立てることを願ってやみません。本書の執筆にあたっては、同文舘出版株式会社取締役の古市達彦氏とケイズクリエイト株式会社の皆さまに大変お世話になりました。心からお礼申し上げます。

最後に、私を介護の世界にいざない、ケアマネジャーとしていつもシニアのために奔走していた、今は亡き母に感謝を込めて本書を捧げます。

○参考文献（五十音順）

岩越和紀『運転をあきらめないシニアの本音と新・対策』（JAFメディアワークス、2018年）

内門大丈『認知症の人を理解したいと思ったとき読む本』（大和出版、2018年）

河合雅司『未来の年表２』（講談社現代新書、2018年）

グラフィック社編集部『シニアが使いやすいウェブサイトの基本ルール』（グラフィック社、2014年）

公開経営指導協会ユニバーサルサービス推進室『高齢者の理解と接客対応マニュアル』（近代セールス社、2014年）

佐藤眞一『ご老人は謎だらけ』（光文社新書、2011年）

鈴木國朗『すぐ分かる　スーパーマーケット陳列と演出ハンドブック』（商業界、2017年）

鈴木隆雄『超高齢社会の基礎知識』（講談社現代新書、2012年）

東京大学高齢社会総合研究機構編著『東大がつくった 確かな未来視点を持つための高齢社会の教科書』（ベネッセ、2013年）

平松類『図解　老人の取扱説明書』（SBクリエイティブ、2018年）

南涼子『介護に役立つ「色彩」活用術』（現代書林、2003年）

著者略歴

砂　亮介（すな　りょうすけ）

シニアビジネス・コンサルタント。株式会社介祉塾（かいしじゅく）代表取締役。

中小企業診断士・社会保険労務士・行政書士・社会福祉士。

1977年生まれ。新潟大学を卒業後、海外放浪やボランティアなどを経て2007年に介護事業所を創業。自らもソーシャルワーカーとして10年以上の勤務経験がある。

現在は、介護福祉業とシニアビジネスに特化したコンサルティングも行なっている。介護現場やコンサルティングの実践においてシニアと接することで知りえた方法をもとに、独自の理論を構築。小売業や飲食業、サービス業、住宅リフォーム業、製造業など様々な業種に、シニアに売れる仕組みづくりを提案している。わかりやすく実践的なコンサルティングには定評がある。

ホームページ：https://kaishi.co.jp

介護に学ぶ　シニアのおもてなしマーケティング

2019年3月26日　初版発行

著　者 ―― 砂　亮介

発行者 ―― 中島　治久

発行所 ―― 同文舘出版株式会社

東京都千代田区神田神保町1-41　〒101-0051
電話　営業03（3294）1801　編集03（3294）1802
振替00100-8-42935　http://www.dobunkan.co.jp

ISBN978-4-495-54026-5

印刷／製本：萩原印刷

Printed in Japan 2019